Les turqueries du grand Mamamouchi

Philippe de Villiers

Les turqueries du grand Mamamouchi

Albin Michel

« La dynamique de la population turque pourrait contribuer à compenser le vieillissement des sociétés de l'Union européenne. »

Recommandation de la Commission
de Bruxelles afin d'ouvrir la négociation
sur l'entrée de la Turquie dans l'Europe,
6 octobre 2004

Introduction

La pendule sonne un coup discret. Presque imperceptible pour le visiteur. Mais parfaitement audible pour le Président. Ce petit tintement léger comme un farfadet semble le combler : déjà un quart d'heure de passé. Echange formel courtois sur fond de désaccord abyssal. De temps en temps, une moue qui veut dire : « quelle teigne ! » et un sourire qui répond : « allez, encaisse ! » Très vite, la pendule revient à la charge, avec un tintement redoublé dans les aigus qui signale l'impatience élyséenne : le Président vient de vous consacrer une demi-heure !

Le genou pivote. L'épaule s'incline. Le regard indique la fermeture. Je sens qu'il est sur le point de se lever.

« Monsieur le Président, m'autoriserez-vous à vous voler encore quelques minutes ?

– Euh, oui, bien sûr.

– Je voudrais, par simple curiosité, vous demander pourquoi vous semblez à ce point acharné dans votre refus d'inscrire, en préambule de la Constitution, l'expression des "racines chrétiennes" de l'Europe ?

– Tout simplement parce que c'est historiquement discutable et politiquement maladroit... d'ailleurs, c'est un débat clos, les évêques nous rejoignent, seul le Vatican s'y accroche. C'est absurde !

– Absurde ? Absurde de prétendre que l'Europe a des "racines chrétiennes" ?

– Ecoutez... Les racines de l'Europe sont autant musulmanes que chrétiennes.

– Ah oui... On l'a bien vu à Lépante en 1571 ! A Vienne en 1683 ! Il y a quelques semaines, j'étais à Budapest, pour enregistrer la nouvelle musique du Puy du Fou. Les Hongrois nous ont parlé des bains turcs en soulignant : "C'est bien le seul bon souvenir de leur passage." Comment avez-vous pu dire, au sommet d'Helsinki[1] : "La Turquie, par son histoire, et pas seulement par la géographie et par ses ambitions, est européenne" ?

– Mais c'est tout simplement une évidence. Prenez, par exemple, l'Espagne. Aznar et ses amis peuvent raconter ce qu'ils veulent, en venant au secours des Polonais... il n'en reste pas moins que l'Espagne a d'abord des racines musulmanes. Elle a été musulmane avant d'être chrétienne.

– Mais elle ne l'est pas restée. Monsieur le Président, reprenez toute l'histoire de l'Europe : la greffe de l'islam n'a jamais pris nulle part. Et observez un pays comme la Turquie : toute sa relation avec l'Europe – de la mouvance byzantine à l'Europe latine – fut une relation d'agression.

– Nous pouvons peut-être en rester là ? Puisque nous ne sommes d'accord sur rien...

1. 15 décembre 1999.

– Effectivement !

– Ni sur l'entrée de la Turquie en Europe, ni sur la Constitution européenne... »

La petite pendule soprano vient d'alerter le Président : il est 11 heures moins le quart. Jacques Chirac esquisse un rictus en signe d'épilogue. Les jambes se décroisent, les bras se lèvent comme deux soupirs, le geste est d'une politesse régalienne, mais la main s'ouvre et montre la porte. Que dire ? Le métier parle.

« Ce sont des sujets graves !

– Oui, graves, graves. »

Le dernier mot viendra en haut de l'escalier. Je le vois qui s'arrête et, à la deuxième marche, dans un effort d'amabilité mécanique pour rester dans les usages, qui plonge la main dans la panoplie sémantique des convenances formelles.

« En tout cas, c'est très intéressant !

– Ah oui ! très intéressant. »

Très intéressant, en effet, le mystère Chirac, le mystère de cet homme qu'on décrit comme une feuille morte dans les vents dominants, et que j'ai perçu comme un bloc compact d'opinions personnelles ! C'était le 28 octobre 2003, entre 10 heures et 11 heures, au Palais de l'Elysée, dans le bureau du Président, en tête-à-tête. Ce jour-là, j'ai mieux senti la complexité du personnage. Jacques Chirac change d'idée sur beaucoup de questions. Il y a un seul sujet sur lequel il ne bouge pas, sur lequel il n'a jamais varié, c'est son tropisme oriental.

On le sent peu concerné par l'histoire de France, on le devine passionné par les arts africains ; aujourd'hui, on le découvre fasciné par la culture asiatique. Plus il s'éloigne de l'Europe, plus il s'enflamme et se libère. Les chemins de l'Orient répondent à l'écho de son for intime, chargé de cette culture des premiers soleils. Quel dommage qu'il ait vécu à l'époque de Pierre Boulez plutôt qu'à celle de Molière, qui n'aurait pas manqué de le croquer sous les traits d'un Monsieur Jourdain chassant les rabat-joie, couvert de prose étrange et de plumes du Levant !

Quand j'entends le Premier ministre de Turquie, M. Erdogan, parler de Jacques Chirac, je m'incline devant tant de savoir-faire oriental. « La France a cette chance historique d'avoir à sa tête quelqu'un qui comprend la marche du monde. » « La marche du monde », vous entendez ? Que les muftis de la Sublime Porte déroulent le tapis du Bosphore, sous les pas du grand Mamamouchi.

Nous y voilà. La pièce est une redite magnifique. Faites tomber les tentures ! Je viens d'apprendre que le Grand Turc Erdogan avait pour projet d'honorer prochainement, pour services rendus à la Turquie, le premier des Français, l'homme qui aura convaincu toute l'Europe de la nécessité d'ouvrir la porte à la Sublime Porte, de faire entrer les Turcs dans l'Union. Ce sera le moment solennel et spectaculaire du « turban d'honneur ».

On imagine l'accoutrement du Président, plus haut en couleur encore qu'avec sa bouée de fleurs polynésiennes autour du cou – son ami d'aujourd'hui n'est plus Gaston Flosse mais Erdogan. On devine les préventions de Bernadette, cherchant à mettre un peu de Corrèze dans tout ce théâtre bariolé d'illusions exotiques. On l'aperçoit qui se penche vers lui, humant comme un air de moquerie dans cette extravagante cérémonie d'hommage d'Istanbul :

MADAME JOURDAIN : Ah mon Dieu ! miséricorde ! (...) Qui vous a fagoté comme cela ?

MONSIEUR JOURDAIN : Voyez l'impertinente, de parler de la sorte à un Mamamouchi !

MADAME JOURDAIN : Comment donc ?

MONSIEUR JOURDAIN : Oui, il me faut porter du respect maintenant, et l'on vient de me faire Mamamouchi.

MADAME JOURDAIN : Que voulez-vous dire avec votre Mamamouchi ?

MONSIEUR JOURDAIN : Mamamouchi, vous dis-je. Je suis Mamamouchi.

MADAME JOURDAIN : Quelle bête est-ce là ?

MONSIEUR JOURDAIN : Mamamouchi, c'est-à-dire, en notre langue, Paladin.

MADAME JOURDAIN : Baladin ! Etes-vous en âge de danser des ballets ?

MONSIEUR JOURDAIN : Quelle ignorante ! Je dis Paladin : c'est une dignité dont on vient de me faire la cérémonie.

MADAME JOURDAIN : Quelle cérémonie donc ?

MONSIEUR JOURDAIN : Mahameta per Iordina.

MADAME JOURDAIN : Qu'est-ce que cela veut dire ?

MONSIEUR JOURDAIN : Iordina, c'est-à-dire Jourdain.

MADAME JOURDAIN : Hé bien quoi, Jourdain ?

MONSIEUR JOURDAIN : Voler far un Paladina de Iordina.

MADAME JOURDAIN : Comment ?

MONSIEUR JOURDAIN : Dar turbanta con galera[1].

MADAME : Jacques, c'est grotesque !

Madame n'entend pas le turc. On ne l'enseignait pas aux « Oiseaux ». Et puis elle se méfie des égarements cosmiques de son mari, qui, naguère, la traînait sur les routes de Corrèze, pour une tête de veau, chez l'accordéoniste Jean Ségurel. Aujourd'hui, il a troqué la tête de veau contre la tête de Turc.

Car les choses ont beaucoup changé, on est loin de la sous-préfecture d'Ussel. On ne s'occupe plus des vaches et du lait, mais de la planète et de l'ozone. Monsieur Jourdain se promène avec son secret aux quatre horizons qui crucifient le monde : il est nobélisable. Donc il lui faut travailler à son rayonnement planétaire : la Chine, l'impôt mondial, le protocole de Kyoto, les Arts premiers, les « peintres samouraïs », la bise à Mandela, la petite pendule japonaise, l'ami turc.

Monsieur Jourdain est à l'Elysée. Pour la première fois dans son histoire, la France est conduite par un

1. Molière, *Le Bourgeois gentilhomme*, Acte V, scène I.

Mamamouchi. Il ne s'occupe plus de savoir ce que nous pensons ; il ne nous voit plus ; il vit sous d'autres cieux. Il n'évolue plus dans le même monde que nous ; il vit en Eurasie. Il va répétant toujours la même formule : « La *vocation* européenne de la Turquie. » C'est le nouvel appel de Jacques Chirac. Après l'appel de Cochin, l'appel du Grand Turc. Le Mamamouchi de l'Elysée, tout à ses turquitudes, se montre à son entourage plus à l'aise en Orient qu'en Occident. Jacques Chirac parle en pèlerin de la paix du monde : « La vocation de la Turquie. » Sur le plateau d'Anatolie, loin du plateau de Millevaches de sa vocation corrézienne, Jacques Chirac s'est converti aux affaires du monde. Le voilà en mission. Nous avons un président missionnaire.

Son bureau témoigne de ces élans vers ses nouvelles curiosités. Entouré d'objets énigmatiques, paraphant et discourant parmi mille souvenirs de la protohistoire de l'« ère du mouton des steppes », le grand Mamamouchi n'écoute plus que le murmure des Dardanelles et d'Istanbul. Il se pique de ces petites pièces orientales, dont on disait au temps du Roi-Soleil qu'elles étaient « ornées de mots ronflants et surmontées de marottes enturbannées », et qu'on appelait joliment des « turqueries ».

Il y a, dans les turqueries du voisinage chiraquien, de la malice, de la rouerie d'Orient, un double langage de fakir. Les turqueries du Mamamouchi sont des cachotteries d'Etat, des chefs-d'œuvre de l'orfèvrerie dissimulatrice, des pièces ouvragées à double tiroir, c'est-à-dire des monuments en prose qu'on doit lire à l'envers pour les comprendre.

La première de ces turqueries d'Etat est celle qui

consiste à nous faire croire que c'est nous – nous, les citoyens français – qui, à la fin des fins, déciderons de dire oui ou non à la Turquie. Naturellement, c'est une illusion grossière. Tout a été tramé, décidé, dans le dos du peuple français. Au Parlement européen, il y a déjà les cabines turques pour les interprètes. Le 11 mars 2004, les eurodéputés ont voté pour que la langue turque devienne une des langues officielles de l'Union.

En réalité, dès le sommet d'Helsinki, en décembre 1999, le tour était joué. Celui qui l'a vu tout de suite est celui-là même qui, ayant présidé la République française au siècle dernier, en phase avec son époque, celle de Brejnev, fut chargé de mettre son expérience au service d'un grand projet, le dessin des contours de l'Europe moderne, M. Giscard d'Estaing, apparemment plus féru de géographie que son successeur ; il avoua sa grande tristesse au lendemain du Conseil européen, le 12 décembre 1999 : « L'Europe est morte hier. » Car l'Europe venait d'adopter la motion suivante, sous l'influence de Jacques Chirac et de Lionel Jospin : « La Turquie est un pays candidat qui a *vocation* à rejoindre l'Union européenne sur la base des mêmes critères que ceux qui s'appliquent aux autres pays candidats. » Ce texte accordait à la Turquie le statut de « pays pré-adhérent ». Et ce statut ouvre un premier droit de tirage, il donne le droit de se présenter à la caisse précisément pour percevoir les « crédits de pré-adhésion ». Effectivement, dès 2000, les contribuables européens ont commencé à payer pour la Turquie : 177 millions d'euros par an jusqu'en 2003, 250 millions d'euros en 2004, 300 millions d'euros en 2005, 500 millions d'euros en 2006. On paie pour un pays qui n'est pas encore membre et dont on voudrait nous faire croire que son entrée est incertaine et lointaine. Et si, au bout de dix ans, par extraordinaire, le Mamamouchi du moment met fin aux négociations, on en sera quitte pour une coquette somme ; on aura payé, pendant quinze ans, pour rien.

Voilà comment fonctionne la démocratie en Europe : tout se passe au-dessus de nos têtes, entre commissaires et sultans. Le 6 octobre 2004, la Commission a donc fait connaître sa préconisation : elle « recommande » l'entrée de la Turquie dans l'Union. Le 29 octobre, tous les gouvernements ont signé le traité constitutionnel. La Turquie s'est vu offrir de cosigner « l'acte final » : la liste de tous les documents qui font l'objet de l'accord[1].

Je suis d'autant plus au fait de ces turqueries que c'est moi qui ai lancé, le 15 avril 2004, la campagne contre l'entrée de la Turquie : un friselis de panique parcourut alors l'échine des mamouches de l'Union pour un mouvement populaire. Alain Juppé conseilla donc à Jacques Chirac d'organiser une conférence de presse coupe-feu qui eut lieu le jeudi 29 avril.

L'hôte de l'Elysée ayant lui-même enjoint au président de son parti de prendre ses distances dans le cadre de la campagne européenne, il se livra à

1. C'est-à-dire la Constitution elle-même ainsi que tous les protocoles et déclarations annexés.

une petite mamamouchette savoureuse : « L'entrée de la Turquie est-elle aujourd'hui possible ? A cette question, je réponds non. Parce qu'il faut, avant de pouvoir adhérer à l'Union, respecter toutes les conditions de l'adhésion. Je ne crois pas qu'on puisse dire aujourd'hui que c'est le cas. Ces conditions, vous le savez, on les appelle les critères de Copenhague ; cela veut dire clairement des exigences en matière de démocratie, de droits de l'homme. En matière d'économie de marché, la Turquie ne remplit pas aujourd'hui les conditions qui s'imposent à tout nouveau membre de l'Union. »

C'est le « mentir vrai » d'Aragon : à la Turquie candidate, nous répondons par un franc et massif *ouine*. Les tenants du « oui », comme M. Barnier, respirent : il n'a pas dit « non ». Les tenants du « non », comme M. Raffarin, se rassurent : il n'a pas dit « oui ». Et les Turcs ? Ils sont admiratifs : « Il est fort, ce Chirac ! Fort comme un Turc ! » Car M. Erdogan, lui, sait que, deux jours avant cette déclaration chantournée, le Quai d'Orsay a été chargé, par Jacques Chirac lui-même, d'organiser une visite d'Etat du Premier ministre de la Turquie en France. Le calendrier de cette visite fut dissimulé aux Français jusqu'au 13 juin 22 heures, date et heure du dépouillement du scrutin européen. Fin juillet, un beau matin, surprise des Français : la Turquie pavoise, le drapeau turc flotte sur les Champs-Elysées.

M. Erdogan est reçu en grande pompe le 20 juillet 2004. Il lui a juste été demandé de venir seul, sans sa femme Emine. En effet, lors du voyage officiel qu'il avait effectué à Athènes, le 5 mai précédent, les photos des journaux montraient son épouse, *voilée*, ce qui avait suscité quelques remous en Grèce[1]. La visite à Paris fut une réussite, à la fois chaleureuse et prometteuse. Les dépêches rendent compte, en des termes sans équivoque, du déjeuner solennel de l'Elysée : « Lors d'un tête-à-tête avec son hôte, le Président de la République a renouvelé son soutien à la candidature turque à l'Union européenne. »

A force de chalouper sans rassurer personne, Jacques Chirac a fini par inquiéter tout le monde ; les Français ne sont pas dupes. On voudrait nous faire croire que l'entrée dans la négociation ne signifie pas forcément une issue certaine, alors que jamais dans l'histoire des élargissements on n'a connu un seul retour en arrière.

On nous balade comme des brochets dans un étang en nous expliquant que la conclusion peut n'être pas l'adhésion, mais un simple « partenariat privilégié ». On promet un référendum aux Français en 2015. Et pourquoi pas en 2050 ?

De toutes parts, des voix s'élèvent, de plus en plus nombreuses, parfois surprenantes, contre ces turqueries d'un autre âge. En France, les europhiles patentés prennent des mines d'eurodéprimés : « Ce n'est pas ce que nous voulions ! » Les clivages traditionnels implosent, dans un jeu de chaises musicales inattendu. Les premiers violons de l'eurofédéralisme changent de partition. C'est un concert de lamentations.

1. *Le Figaro*, 5 mai 2004.

Il suffit d'écouter Robert Badinter, une des grandes voix de Maastricht, pour le comprendre : « La question essentielle, première – la Turquie a-t-elle vocation à entrer dans l'Union européenne ? – a été escamotée au profit d'une autre, seconde : la Turquie satisfait-elle aux critères de Copenhague ?

« Vainement déclare-t-on que l'admission d'une candidature n'est pas l'admission dans l'Union, qu'il ne s'agit là que de l'ouverture de négociations avec le pays candidat. Aucun pays candidat, depuis trente ans, ne s'est vu refuser l'entrée dans la Communauté. La voie peut être ardue, mais, une fois la feuille de route tracée, l'issue est certaine. L'Etat candidat se retrouvera, à plus ou moins longue échéance, membre de l'Union. Il en ira ainsi de la Turquie comme de ses prédécesseurs.

« C'est pourquoi l'évocation d'un référendum obligatoire pour la ratification par la France du traité d'adhésion de la Turquie à l'Union européenne apparaît comme une mascarade. Car, après dix ou quinze ans de négociations, il sera impossible alors, pour la France, de dire non à ce pays sans déclencher une formidable réaction d'indignation des Turcs et une crise diplomatique grave [1]. »

Même à Bruxelles, le coup de force passe mal. Le Commissaire européen à l'agriculture, Franz Fischler, a transmis à son collègue du Collège des commissaires une note secrète, accablante, qui est tombée entre mes mains [2], et dans laquelle il se plaint – lui, le Commissaire – d'être informé sur la

1. *Le Monde*, 22 octobre 2004.
2. Lettre à Günter Verheugen, Annexe 1.

question de la Turquie par la lecture du... *Financial Times*. Il accuse, entre les lignes, la Commission de Bruxelles de dictature de velours.

Et, devant le spectacle navrant de cette machine qui tourne sans les machinistes, il se lamente : « Tout ceci s'est passé sans que la Commission ait pu examiner aucun rapport approfondi sur les conséquences possibles d'une adhésion de la Turquie à l'Union européenne et sur la Turquie elle-même, sans parler d'une analyse géostratégique plus globale. »

Puis, M. Fischler décrit le paysage lunaire d'une Europe désertée par les peuples, trop longtemps tenus à l'écart : « L'Union a pris d'importantes dispositions en faveur de la Turquie sans que les citoyens en aient été informés. Nous ne pouvons continuer à ignorer l'opinion publique et laisser la construction européenne aux seules mains des diplomates. Les citoyens ne sont pas simplement des objets à convaincre, mais des sujets à écouter. Comment est-il possible qu'Eurobaromètre n'ait jamais songé à connaître l'avis du public sur l'adhésion de la Turquie ? (...) Malgré l'absence d'un débat public ouvert et structuré, les citoyens de l'Union européenne tendent à exprimer de sérieux doutes. »

Et le Commissaire de conclure sur les risques d'un passage en force à Bruxelles : « Les relations de l'Union européenne avec la Turquie et les limites de l'Europe qui en découlent sont une question centrale pour l'identité culturelle de l'Europe ainsi que pour son modèle socioéconomique, sa cohésion interne, son avenir politique. En l'absence de définition claire de ses limites, l'Europe va perdre son identité, son projet politique et son élan. Ces questions sont présentes dans l'opinion publique, mais peu de leaders ont, jusqu'à présent, osé s'exprimer sur le sujet. » Il a raison.

Pourquoi donc cette prudence, voire cette pusillanimité ? Sans doute à cause du soupçon de turcophobie qui pèse sur le débat, sous l'effet du lobbying incroyable de l'ambassade de Turquie à Paris. En d'autres temps, l'ambassadeur de Turquie, M. Uluç Özülker, aurait été rappelé à l'ordre et renvoyé chez lui depuis longtemps. Car ses saillies ne sont pas celles d'un diplomate mais d'un janissaire, peu respectueux des convenances. Il va, répétant que les Français forment un peuple curieux, sinon extravagant. Leur furieux débat sur l'adhésion de son pays à l'Union européenne le laisse pantois : « Je pense qu'il y a un délire, en ce moment, en France. Je croyais que la France et le peuple français étaient cartésiens. Je commence à en douter[1]. » On n'a jamais entendu un ambassadeur se risquer à de telles déclarations dans le pays où il réside. Quelques heures plus tard, il a eu l'audace de venir assister au débat du 14 octobre à l'Assemblée nationale et de s'adresser à la presse, en quittant le Palais-Bourbon, avec un air à peine maîtrisé de condescendance pour le Parlement et cette métaphore guerrière d'un goût douteux : « Rien de nouveau sur le front de l'ouest[2]. »

Quel est donc ce « front de l'ouest » ? C'est l'Eu-

1. *Le Figaro*, 14 octobre 2004.
2. *Le Monde*, 16 octobre 2004.

rope ? Comme s'il s'agissait de gagner une guerre ! Drôle d'expression pour un diplomate. Une sorte de *lapsus linguae.* Et puis vient dans sa bouche, quelques instants plus tard, le complément cynique au mépris de la France. Le journaliste du *Monde* décrit la scène : « N'oubliez pas que la France a *besoin d'argent* ! » lâche-t-il, avant de remonter dans sa voiture. Curieuse conception de la négociation, pour un diplomate. « *Besoin d'argent* » ! On va vous acheter ! Non, Monsieur l'Ambassadeur, le monde n'est pas un souk, la France n'est pas à vendre. On peut acheter des marques, peut-être des hommes politiques, certainement des Airbus pour Turkish Airlines. Mais on n'achète pas les peuples. On a vu effectivement cette image incroyable de la poignée de main à trois : Schröder-Chirac-Erdogan, image ainsi sous-titrée par la presse : « La Turquie annonce l'achat de 30 Airbus. Paris et Berlin renouvellent à la Turquie leur indéfectible soutien[1]. »

« N'oubliez pas que la France a besoin d'argent ! » Faute de mariage d'amour, un mariage d'intérêt suffira. Selon l'aveu madré du paysan du Caucase qui remembre en épousant la voisine, « ce n'est pas qu'elle soit belle, mais elle a un champ qui m'arrange ». Le représentant de la Turquie manque singulièrement de romantisme. Il a trop de morgue. Et il n'hésite pas à utiliser toutes les armes, y compris celle du chantage oriental, interstitiel.

1. TF 1, France 2, France 3, 26 octobre 2004.

Si j'ai décidé d'écrire les lignes qui suivent, c'est précisément parce que l'ambassadeur de Turquie a tenté de m'intimider à plusieurs reprises et notamment par une lettre dont tous les turcologues m'ont expliqué qu'elle recelait, en des termes choisis, un message voilé de mise en garde, à travers cette phrase aux sous-entendus subtils : « Aussi, vos suggestions douteuses et votre mépris des Turcs commencent-ils à susciter des réactions parmi mes compatriotes dont un nombre croissant m'informe de leur amertume, que je partage pleinement. » Et puis vient l'avertissement : « En vous écrivant ces quelques lignes, je me fais aussi leur interprète[1]. » Interprète d'un mouvement de foule.

Insensible à toutes les formes d'intimidation, je ferai mon devoir d'homme politique, avec plus de liberté encore que si je ne sentais pas cette ombre au-dessus de mon épaule.

Il est tout à fait incongru, de la part d'un ambassadeur en poste à Paris, d'intervenir dans un débat national hors de son Etat d'accréditation, de s'immiscer dans la vie interne d'un pays qui n'est pas le sien et, a fortiori, de faire passer à tel homme politique un message de maître chanteur : si vous continuez, la communauté turque de France va vous prendre en grippe et nul ne pourra plus répondre de votre sécurité personnelle.

Je n'ai pas cru devoir répondre à ce courrier ambigu de mise en garde. Ce livre tient lieu d'accusé de réception.

---

1. Lettre de l'ambassadeur de Turquie, Annexe 2.

I

LE PASSÉ EUROPÉEN DE LA TURQUIE

« Toute l'histoire de la Turquie est européenne... c'est une évidence. »

Jacques Chirac

A peine le Commissaire européen à l'élargissement, Günter Verheugen, eut-il annoncé, en septembre 2004, qu'il n'y avait « désormais plus d'obstacles sur la table » pour l'ouverture des négociations sur la candidature de la Turquie à l'entrée dans l'Union européenne, que fusèrent les premiers communiqués d'indignation et de rejet.

Faut-il voir un effet du hasard si les plus virulentes, les plus exaspérées, les plus émouvantes de ces réactions émanent des nations d'Europe centrale et orientale ? Dans les sondages, deux tiers des Autrichiens se déclaraient d'emblée hostiles à l'adhésion turque, autant dans les Balkans ou dans les marches danubiennes du continent européen, qu'il s'agisse de pays déjà membres ou de candidats à l'entrée, déclarés ou potentiels.

C'est que nombre d'Etats de l'Europe danubienne ou de l'Europe balkanique savent qu'ils doivent leur existence – ou plus exactement leur résurrection – au fait que la Turquie a été boutée hors d'Europe. Ils savent aussi, pour l'avoir vécu dans leur histoire, que si l'Europe existe, c'est justement parce qu'elle s'est affirmée *face* à l'impérialisme turc.

La mémoire des peuples est souvent plus vivace que celle de leurs dirigeants. Les Autrichiens n'ont pas oublié que les armées du grand vizir Kara Mustafa s'avançaient encore sous les murailles de Vienne en 1683 ; les Polonais se souviennent que, durant des siècles, ils se virent confier le rôle de sentinelles de l'aube aux avant-postes de l'Europe contre l'envahisseur turc ; les Slaves, les Magyars, les Roumains, les Bulgares, les Grecs, blessés dans leur chair, gardent en mémoire les pages de sang de leur asservissement sous le joug de la soldatesque de l'Empire ottoman, pendant près d'un demi-millénaire ; les Chypriotes sont les traces vivantes de ces épreuves répétées, avec un pays coupé en deux, occupé, au nord, par les descendants des envahisseurs de l'époque médiévale... Les mots de Jacques Chirac, « nous sommes tous les enfants de Byzance », résonnent à leurs oreilles comme une injure.

Car, si les hommes politiques irréfléchis feignent de l'ignorer, les peuples d'Europe, eux, savent au plus profond de leur mémoire collective que la puissance turque s'est constituée à leurs dépens, qu'un modeste clan anatolien est devenu un vaste empire sur les ruines de Byzance, un empire qui a rayé de la carte de nombreux royaumes européens, c'est-à-dire des États souverains qui, florissants au Moyen Age, furent emportés pour des siècles par le fer et dans le sang.

A peine libérés du joug soviétique, à peine réintégrés dans le giron originel, celui de l'Europe des nations, les anciens « pays de l'Est » se voient de nouveau soumis à une confrontation avec ceux-là mêmes qui avaient anéanti leur souveraineté, sans pouvoir violer le sanctuaire de leur identité et de leur âme.

Comment un historien, un géopolitologue, un commentateur pourraient-ils nier de bonne foi que l'Empire ottoman s'est constitué au détriment de l'Europe, et que celle-ci a retrouvé un second souffle fédérateur – après la chrétienté médiévale – dans la lutte contre l'expansionnisme turc ?

Dans son ouvrage *L'Islam en Europe*[1], l'essayiste Jack Goody reconnaît l'existence de « trois grandes routes empruntées par l'Islam pour entrer en Europe, celle des Arabes à travers le Maghreb, l'Espagne et l'Europe méditerranéenne, celle des Turcs à travers la Grèce et les Balkans, et celle des Mongols, depuis le sud de la Russie jusqu'en Pologne et en Lituanie »... Trois grandes routes formant carrefour dans ce qui fut l'Empire ottoman, dont l'éclat passé illumine encore la nostalgie turque.

Car, de même que l'artisan polonais et le montagnard tyrolien vibrent encore au rappel des exploits du prince Eugène de Savoie et du roi Jean Sobieski, le fellah d'Anatolie et le pêcheur d'Asie Mineure se souviennent de la grandeur de Saladin, qui enleva Jérusalem aux chrétiens, de Mehmet II, qui fit de Constantinople Istanbul, de Soliman le Magnifique, dont le domaine européen s'étendit de l'Adriatique à la mer Noire et du Péloponnèse aux Carpates...

Ils rêvent du temps où le « Grand Seigneur » régnait sur un cinquième de l'Europe et terrorisait

1. Editions de la Découverte, 2004.

les souverains de tout l'Occident, en lançant des expéditions au cœur même du continent européen, comme on l'a vu encore, il y a à peine plus de trois siècles, à moins de mille kilomètres de Paris, à cinq cents kilomètres de Lyon. Ils gardent au cœur l'époque pas si lointaine où les « bachi-bouzouks » de l'armée turque veillaient à Belgrade, à Sarajevo, à Athènes ou à Bucarest, menaçaient Venise et Prague, Cracovie et Kiev, intimidaient Naples et Munich, où les « Barbaresques », vassaux du sultan d'Istanbul, semaient, avec leurs navires, la désolation sur les côtes de Provence et de Sicile...

L'acharnement mis par certains chefs d'État et de gouvernement – dont ceux de la République française – à refuser que soient évoquées, dans le projet de charte de l'Union, les racines du pied-mère européen s'explique par la volonté d'occulter ces données historiques et sociologiques dont le rappel leur paraît gênant pour l'accomplissement de leurs promesses à l'égard du gouvernement d'Ankara.

A ce compte, ne sera-t-on pas conduit, un jour ou l'autre, à trier dans notre patrimoine, à effacer – par la censure et le négationnisme – de la mémoire et de la culture de nos peuples l'image du « Turc » voyageant dans les pièces de Molière, à proscrire dans les poèmes de Victor Hugo le fameux « enfant grec », rescapé des massacres de Chio perpétrés par l'occupant turc contre la population révoltée, qui réclame des armes pour se venger avec cette apostrophe célèbre : « Je veux de la poudre et des balles ! » ? A soustraire aux historiens les récits de

Lord Byron, mort à Missolonghi en combattant pour aider les Grecs à arracher leur indépendance aux Turcs ? Ou encore à dissimuler les récits de Voltaire et de Michelet, les analyses de Paul Valéry, les toiles de Delacroix, la musique de Berlioz ? Faudra-t-il donc *voiler* les œuvres d'art ?

Faudra-t-il aussi réviser la langue française, bannir certaines expressions comme « tête de Turc » ? J'ai recherché l'origine de cette locution si présente dans le langage courant ; elle est très ancienne et, par elle-même, hautement symbolique de toute l'histoire de l'Europe, de sa psychologie profonde : pendant des centaines d'années, et jusqu'au XXe siècle, dans les fêtes foraines de plusieurs pays d'Europe, dont la France, fut pratiqué un « jeu de massacre » très populaire, où, entre autres têtes en bois, celle d'un Turc, enturbanné et moustachu, devait être déquillée à l'aide d'une balle en étoffe. Le gagnant emportait alors un lot mais surtout, à travers ce jeu, il avait exorcisé un moment l'ancestrale peur européenne des Turcs. Les populations d'Europe, surtout celles du littoral méditerranéen, France comprise, souffrirent durant plusieurs siècles des razzias de biens et des enlèvements de personnes pratiqués par la « course barbaresque ». N'oublions pas que Tripoli, Tunis, Alger furent longtemps d'obédience turque. Cette insécurité multiséculaire ne prit fin définitivement qu'avec la prise d'Alger en 1830.

Si on devait, pour faire plaisir à M. Erdogan, lancer une vaste opération d'ablation sémantique, il y aurait des pans entiers de notre langage qui tomberaient sous les assauts de la complaisance.

La France ne serait pas seule touchée. Chaque pays aurait son lot de mots exécutés. Par exemple, l'Italie devrait interdire le *cappuccino*, ce café crémeux si populaire, qui nous vient du capucin Marc d'Aviano, le médecin de l'Europe qui galvanisa les 70 000 soldats rassemblés, le 12 septembre 1683, pour sauver Vienne. Le lendemain, il inventa ce breuvage à partir des stocks de moka abandonnés dans leur fuite par les troupes du Grand Turc, sous les murs de Vienne, moka qu'il maria avec la fameuse crème double d'Autriche. Le mélange eut un goût si plaisant et devint un breuvage si populaire qu'il suscita l'émulation des boulangers de Vienne qui, pour ne pas être en reste, inventèrent une « viennoiserie » de forme turque, le croissant de lune.

On pourrait ainsi retrouver, pour les proscrire, des centaines de mots laissés dans leur sillage par les occupants turcs. On voit bien, à travers ces exemples, que nous n'avons pas – Européens et Turcs – les mêmes souvenirs ni la même culture. Pourquoi donc forcer l'histoire ?

De tous côtés, les gens de bonne foi le constatent. Le cardinal Ratzinger n'a pas de mal à rappeler que l'Europe est un « concept non pas géographique mais culturel [1] », qui s'est formé au cours d'un processus historique, face à une Turquie qui, aujourd'hui, « demeure le noyau de l'ancien Empire ottoman ».

1. *Giornale del Popolo*, septembre 2004.

C'est pour cette double raison, explique le cardinal – originaire de Bavière, Etat qui se trouva à plusieurs reprises dans l'histoire européenne à portée d'arquebuse des janissaires de la Sublime Porte –, que la Turquie a toujours été en opposition avec la notion même d'Europe, et que son adhésion à l'Union européenne serait « anti-historique » et constituerait « une grande erreur ».

Cette analyse est partagée par un éditorialiste français qui, pourtant, évolue, avec alacrité, dans un tout autre monde. « On a été jusqu'à nous expliquer doctement, écrit Jean-François Kahn, que la Turquie fut historiquement une nation européenne. La saillie est assez farce (...). L'Empire ottoman, en effet, occupa la Grèce, la Bulgarie, la Serbie, la Bosnie, et échoua devant Vienne. Mais c'est justement en réaction à cette poussée ottomane, perçue comme asiatique, que l'Europe prit conscience d'elle-même et commença au XVe siècle (le roi de Bohême joua un rôle essentiel) à conceptualiser sa cohérence, sinon son unité. Si la Turquie fut européenne par invasion et occupation, alors la France a sa place dans l'union du Maghreb parce qu'elle occupa l'Algérie, l'Angleterre dans l'Organisation de l'Unité Africaine parce qu'elle envahit le Kenya[1]. »

Quant à l'argument selon lequel la Turquie serait aussi européenne que la Russie avec ses vastes territoires asiatiques, il est risible. Car c'est faire bon marché de ce que la Russie, comme l'Ukraine et la Biélorussie, a vécu tournée vers l'Europe, s'est développée en s'ouvrant à sa civilisation et à ses techniques.

1. *Marianne*, 18 octobre 2004.

Evangélisée par les disciples des saints Cyrille et Méthode, ouverte au commerce international par les Varègues venus de Scandinavie, attirée sur le terrain diplomatique européen par ses relations tumultueuses avec le royaume de Pologne, se voulant la « troisième Rome » après la prise de Constantinople par les Turcs, dirigée par un « tsar » se posant en héritier des « césars » romains et non pas des « khans » tatars, la « sainte Russie » est devenue une grande puissance européenne lorsque Pierre le Grand et ses successeurs firent appel à des ingénieurs hollandais et britanniques, à des militaires allemands, à des artistes français pour développer l'industrie, le commerce, et travailler au raffinement des esprits dans l'ancienne Moscovie. Quelle cité fut plus européenne que Saint-Pétersbourg, la ville de Pierre le Grand, alors que les Ottomans s'employaient à transformer Constantinople, la ville de Constantin le Grand, en cité orientale, capitale du « Grand Turc » ?

La Turquie, elle, est entrée en Europe sans pouvoir y demeurer. Elle n'y est pas entrée par osmose de civilisation, mais par effraction, par la conquête et l'oppression, la terreur et la colonisation. Son expansion en Europe s'est faite contre les États d'Europe, aux dépens des peuples d'Europe. Il n'est que de rappeler l'Histoire pour en juger.

A commencer par l'histoire récente : le transfert par l'État turc, en 1923, de la fonction de capitale de Constantinople – qui a conservé des souvenirs de son passé européen d'avant 1453 – à Ankara est éclairant : la Turquie a, d'elle-même, ainsi reconnu son caractère asiatique et a réalisé une pertinente opération de recentrage de sa capitale. C'est dire que l'acquisition passée, par l'Empire ottoman, d'un immense empire colonial allant des Balkans à la frontière marocaine ne peut permettre à la Turquie de revendiquer une identité européenne ou africaine... pas plus que le Royaume-Uni n'est asiatique ni le Portugal sud-américain.

A de nombreuses reprises, on a donc entendu Jacques Chirac marteler : « Toute l'histoire de la Turquie est européenne. » Effectivement. Toute l'histoire de l'Europe est turque. C'est l'histoire d'une agression turque, d'une occupation turque, d'un refus de l'Europe, d'une résistance de l'Europe et, finalement, d'une libération de l'Europe.

Le *passé* européen de la Turquie, ou plutôt le *passage* européen de la Turquie, n'a laissé partout qu'un seul souvenir, qui tient en deux mots : tristesse et désolation.

II

QUAND L'EUROPE ET LA TURQUIE FONT CONNAISSANCE

« La Turquie a toute sa place dans l'Europe du point de vue historique. Je sais que la chose peut se discuter d'un point de vue strictement géographique, mais je ne crois pas qu'on puisse la discuter du point de vue historique, de la civilisation. »

Jacques Chirac

Jacques Chirac aime répéter : « En Europe, la Turquie a toute *sa* place. » On pourrait même dire qu'à une certaine époque, la Turquie a pris « toute *la* place », en se rapprochant de la métaphore filée par le Premier ministre : « Le fleuve de l'islam a rejoint le lit de la laïcité. » Les Européens ont effectivement le souvenir que, dans le lit, le Turc a pris *toute la place.*

L'histoire en témoigne, l'histoire des batailles, l'histoire des symboles. A commencer par le croissant turc. Symbole de Constantinople, à partir de l'aura de la Vierge de Sainte-Sophie. Devenu, sur le drapeau turc, un dernier quart du croissant de lune. Mais, accroché depuis 1453 à la voie lactée des nuits de Constantinople, ce croissant de lune n'a jamais été, entre la Turquie et l'Europe, une lune de miel.

Dès la première rencontre, le corps à corps, généreux, donna lieu à une débauche de coups échangés, d'épées brisées, de vies offertes.

Le premier contact historique entre Turcs et Francs – nom générique donné par les musulmans aux Européens à l'époque des croisades – fut un choc guerrier.

Tribu turque convertie à l'islam dès le VIIIe siècle, chassés de leurs steppes kirghizes par la poussée mongole qui les refoule à l'ouest, les nomades seldjoukides s'installent en terre byzantine, sur le plateau anatolien, au début du XIe siècle. En 1071, ils défont l'empereur Diogène à Mantzikert, chassant ainsi les Byzantins de la quasi-totalité de l'Asie Mineure, puis s'emparent, dans la foulée, de Jérusalem, que tiennent les souverains arabes d'Egypte.

En interdisant aux pèlerins d'Occident l'accès aux Lieux saints, les Turcs suscitent une vive émotion en Europe, qui provoquera, pendant deux siècles, la mobilisation de centaines de milliers de volontaires français, poitevins, champenois, toulousains, normands, flamands, allemands, bavarois, autrichiens, hongrois, anglais, vénitiens, génois... pour rétablir le libre accès de la Terre sainte. C'est le premier signe, pour les peuples d'Europe, d'une appartenance et d'une solidarité communes, face à un agresseur commun.

Jérusalem, délivrée en 1099, sera perdue en 1187 et tombera aux mains du chef kurde Saladin. La vocation des Turcs, venus d'Asie centrale pour se fixer en Asie Mineure, est orientale. Ils s'emploient d'ailleurs, au début de leur aventure, à se tailler plus ou moins durablement des royaumes au Proche- et au Moyen-Orient – Mésopotamie, Palestine, Syrie –, qui doivent constituer pour eux autant de bases de départ vers l'est, vers la Perse, l'Afghanistan, le Turkestan, l'Inde...

Mais les Mongols, qui vont bientôt dominer la Chine et l'Inde, donnent un coup d'arrêt définitif aux prétentions turques à l'est. C'est Gengis Khan, qui balaie le sultanat turc de Kharezm en 1221 et élimine les Seldjoukides en Anatolie, puis c'est Tamerlan qui écrase le sultan Bajazet à Angora – la future capitale Ankara – en 1403.

Bloqués à l'est, les Turcs vont dès lors se tourner définitivement vers l'ouest, tant vers l'Europe que vers le Proche-Orient et l'Afrique, où ils étendront leur autorité jusqu'aux côtes tunisiennes et algériennes, avec, déjà, les « Etats pirates » barbaresques.

Les successeurs d'Osman, mort en 1326, le fondateur de la dynastie turque des Ottomans, s'implantent en Europe dès le début du XIVe siècle, en prenant aux Byzantins Gallipoli, en 1353, sur la rive européenne du Bosphore, puis la Thrace, l'arrière-pays de Constantinople, en 1360. Une nouvelle aventure commence. Ce que le Mamamouchi appelle « l'histoire européenne de la Turquie ».

C'est le début d'une véritable invasion de l'Europe. Les principautés et royaumes européens, qu'ils soient « latins » ou « grecs », catholiques ou orthodoxes, d'obédience romaine ou byzantine, tombent les uns après les autres. C'est d'abord le royaume de Serbie qui subit le premier choc. Le 28 juin 1389, sur la lande du « Champ des Merles », dans ce Kosovo qui constitue le cœur historique et spirituel de la Serbie médiévale, avec ses 1 500 églises et monastères, une armée constituée de Serbes, de Bulgares, de Valaques et d'Albanais, sous le commandement du prince Lazar, affronte celle du sultan ottoman Mourad Ier, le fondateur du redoutable corps des janissaires, cette troupe d'élite constituée d'enfants chrétiens arrachés à leurs familles, islamisés de force et formés à la carrière des armes. Au soir de cette bataille mémorable, après une journée de combats acharnés, les Turcs restent les maîtres du terrain, malgré la mort de leur sultan. Le prince Lazar est pris et exécuté : la Serbie a vécu. Elle ne réapparaîtra que cinq siècles plus tard.

Pour les Serbes d'aujourd'hui, cette bataille, dont la date est devenue la fête nationale, marque « l'ultime et intrépide effort du peuple serbe pour tenter, au prix de son sang, de sauver l'Europe en arrêtant le Turc ». Chef d'entreprise français d'origine serbe, Milena Nokovitch en a fait un très beau récit dans un émouvant ouvrage au titre significatif : *Et la nuit ottomane tomba sur Kosovo.*

Puis c'est le tour de la Macédoine, en 1392, et de la Bulgarie en 1396. L'émotion et la crainte saisissent les Etats européens. Un véritable réflexe européen se développe. Des milliers de volontaires accourent de tout l'Occident au secours de la Hongrie et de l'empereur byzantin Manuel Paléologue. Parmi eux, le comte de Nevers – fils du duc de Bourgogne –, qui y gagnera son surnom de Jean sans Peur.

A Nicopolis, ville bulgare sur le Danube, l'armée chrétienne est surprise par celle du sultan ottoman Bajazet, qui s'est fixé pour but d'aller détruire Rome, la capitale de la chrétienté. Le 22 septembre 1396, les Européens sont sévèrement défaits. Les troupes turques massacrent les prisonniers ; seuls sont épargnés ceux qui peuvent payer rançon : le futur duc de Bourgogne devra verser la somme considérable de 200 000 florins.

La voie des Balkans est désormais ouverte aux Turcs. La Grèce continentale, avec notamment le Péloponnèse et Thessalonique, derniers pans de l'Empire byzantin moribond, est définitivement submergée ; Athènes finit par tomber en 1456. Une ultime coalition européenne de résistants, composée de volontaires accourus, là encore, de toute l'Europe, mêlés à des troupes polonaises et hongroises, est écrasée à Varna, un port bulgare sur la mer Noire, en 1444.

L'étau se resserre sur Constantinople, la capitale du *Basileus*, l'empereur d'un empire disparu, mais qui est aussi le siège du patriarcat de l'Eglise orthodoxe. Sans arrière-pays, défendue par quelque 7 000 soldats byzantins et un millier de mercenaires génois, sous la conduite de l'ultime successeur des empereurs romains, la ville voit son sort scellé lorsqu'en avril 1453 une escadre turque de 300 navires bloque le détroit des Dardanelles, d'où pourraient surgir d'hypothétiques secours venus d'Occident, tandis que 100 000 soldats, accompagnés d'une formidable artillerie, se concentrent devant les murailles de l'antique Byzance.

Galvanisé par l'héroïque empereur Constantin Dragazes, la défense byzantine fait des prodiges, malgré la disproportion des forces et en dépit de l'approche de l'escadre de secours vénitienne, qui arrivera trop tard. L'inéluctable survient à l'aube du 29 mai 1453[1]. Les Turcs – auxquels le sultan Mehmet II le Conquérant, qui a mené le siège en personne, a accordé trois jours de pillages et de

1. Les historiens choisiront cette date symbolique pour marquer la fin de la période médiévale et le début de l'Histoire moderne.

viols – entrent dans la ville. Le *Basileus* est tué, les armes à la main ; les derniers défenseurs succombent. La population est massacrée, les survivants réduits en esclavage. Le vandalisme fait rage : œuvres d'art, bibliothèques disparaissent. L'église Sainte-Sophie, ce lieu sacré depuis des siècles pour tous les orthodoxes d'Europe, d'Asie et d'Afrique, est transformée en mosquée : Mehmet II, le vainqueur, vient y participer à la première prière des musulmans.

Fuyant la persécution turque, intellectuels, artistes et savants byzantins se réfugient dans les cités italiennes qui étaient en relations commerciales avec l'Empire byzantin. Ils contribueront à la grande aventure intellectuelle, artistique et technique du Quattrocento italien, l'un des âges d'or de l'Europe.

Entre la défaite byzantine de Mantzikert, au cœur de l'Anatolie, en 1071, devant les Turcs et la prise de Constantinople par le sultan et chef de guerre ottoman Mehmet II, près de quatre siècles se sont donc écoulés. Quatre cents ans de guerres et de pauses, de reculs et d'avancées pour que soit enfin remplie la « mission historique » confiée, avant sa mort en 632, aux Arabes, par le prophète Mahomet : offrir à l'islam la « Ville » par excellence : Constantinople. Mission que les Arabes de la Péninsule arabique, premiers à adopter la nouvelle religion mahométane, n'avaient pu parvenir à réaliser, et qui furent donc relayés par les néomusulmans turcs, formidables guerriers à cheval, encore animés par l'ardeur des néophytes. Cette disposition belliqueuse, doublée d'une bravoure à toute épreuve, devait perdurer à travers les siècles, jusqu'à la guerre de

Corée, au milieu du XXᵉ siècle, où les exploits du contingent turc suscitèrent encore l'admiration des officiers occidentaux. Aux vertus architecturales, artistiques, littéraires et culinaires de la civilisation ottomane, on ne doit pas manquer d'ajouter ses qualités militaires.

Contemporain des Mérovingiens, le prophète armé Mahomet avait, de son vivant, « donné sa chance » au *Basileus*, l'empereur chrétien orthodoxe de Byzance, en lui enjoignant par lettre de se faire circoncire et d'adhérer à l'islam... Injonction aux gouvernants « impies » toujours restée d'actualité pour les musulmans, puisque des personnages aussi différents que la reine Elisabeth II d'Angleterre ou le président Chirac ont été invités, par des personnalités islamiques, à se « soumettre » (c'est le sens premier du mot islam) à la « parole divine » transmise par le Coran...

La gloire immense d'avoir pris la Cité millénaire, la protégée de la Vierge Marie, la métropole orientale du christianisme, conféra d'emblée aux Turcs une aura politico-religieuse durable. En effet, on ne retrouve pas dans l'islam le fameux précepte : « Rendez à César ce qui est à César » ; la religion et le gouvernement ne forment qu'une seule et même entité. Le sultan ottoman sut pérenniser cette aura en rachetant aux héritiers des califes arabes de Bagdad, réfugiés au Caire, leur titre pontifical. Ayant désormais le statut de « sultan-calife », empereur et pape, le Grand Seigneur de Constantinople, rebaptisée Stamboul [1], pouvait passer à la phase suivante du

1. *Istanbul* est la graphie turque moderne de Stamboul que les Turcs ont récemment imposée aux Européens. *Istamboul* demeure la transcription française exacte de ce nom de

« Grand Projet islamique » : « coraniser » – comme on dit évangéliser – le monde connu, et d'abord l'Europe ; remplir le « noble devoir » de proclamer partout le Verbe d'Allah, de révéler aux hommes égarés qu'ils sont tous des « musulmans en puissance mais qui s'ignorent ». A cette réserve près, prévue par le prophète Mahomet, que les israélites et les chrétiens, ayant déjà reçu une révélation du « vrai Dieu », mais l'ayant « déformée » ou « falsifiée » afin de « cacher l'annonce de la venue de Mahomet », seraient, eux, autorisés à « persister dans l'erreur », à condition d'accepter, sans discuter, le statut du *dhimmi*, sujet de seconde zone aux droits inférieurs à ceux des « vrais croyants » – les musulmans – et aux devoirs supérieurs à l'égard de l'Etat islamique, devoirs prenant la forme notamment d'un lourd impôt spécial. Quant aux tenants des autres confessions – l'hindouisme, le bouddhisme, l'animisme, etc. – ou aux athées, ils n'auraient canoniquement d'autre choix que l'islam ou la mort...

C'est en appliquant ces principes que, de 1453 à 1683, les Turcs multiplient invasions et conquêtes, particulièrement en Europe. En effet, après la chute de Constantinople, qui verrouille les Dardanelles et la mer Egée, il n'existe plus aucun obstacle sur la route des Balkans ou de l'embouchure du Danube. Ainsi tombent aux mains des Turcs : la Bosnie en 1463, l'Albanie en 1479, l'Herzégovine en 1482, la Bessarabie, la Moldavie et la Valachie à la fin du

ville. Notons qu'un homme d'Etat comme Churchill continua superbement, toute sa carrière, à utiliser le vocable « Constantinople »...

XVe siècle. En 1480, un pacha turc réussit même à établir une tête de pont à Otrante, dans la péninsule italienne, sur la mer Ionienne.

C'est sous le règne de Soliman II le Magnifique, entre 1520 et 1566, que l'Empire ottoman atteint son extension maximale en Europe. Grèce, régions balkaniques et danubiennes forment la vaste province de Roumélie – la région des « roumis », des « Romains », nom donné par les Ottomans à leurs sujets européens, bien qu'ils soient en majorité « grecs », orthodoxes.

Rhodes, malgré la formidable citadelle des anciens chevaliers membres de l'ordre des Hospitaliers, tombe aux mains des Turcs en 1522. Les Hospitaliers trouvent refuge à Malte, que leur concède Charles Quint en 1530. Durant près de trois siècles, les galères de l'ordre de Malte vont se déployer en Méditerranée occidentale, pour assurer la police. L'ordre de Malte est un corps d'armée européen constitué de soldats accourus de toute l'Europe pour assurer la défense des côtes et des ports d'Europe occidentale, et protéger la libre circulation des navires marchands français, espagnols, vénitiens, napolitains, face aux vaisseaux barbaresques.

La Hongrie, après la défaite de Mohacs en 1526 et la prise de Budapest en 1541, disparaît comme Etat ; la majeure partie de son territoire passe sous domination ottomane. La défaite hongroise de Mohacs entraîne l'invasion de la Croatie par les Turcs. Dans l'escarcelle de Soliman, tombe également Belgrade. La Transylvanie et Raguse, sur la côte dalmate, deviennent des protectorats.

Soliman le Magnifique, à qui les Occidentaux

donnent le titre de « Grand Turc » (qui restera à ses successeurs) et qui se veut le chef des musulmans du monde entier en tant que Commandeur des croyants, ne se considère nullement comme un souverain européen, mais comme le possesseur d'immenses territoires acquis par droit de conquête, en Asie, en Afrique et en Europe.

En témoigne cette adresse au roi de France, François Ier, qui recherche son alliance : « Moi qui suis le Sultan des sultans, le Souverain des souverains, le distributeur des couronnes aux monarques du globe, l'Ombre de Dieu sur la terre, le Sultan et le Padischah de la mer Blanche, de la mer Noire, de la Roumélie, de l'Anatolie, de la Caramanie, du pays de Roum (...) du Kurdistan, de l'Azerbaïdjan, de la Perse, de Damas, du Caire, de La Mecque, de Médine, de Jérusalem, de toute l'Arabie, du Yémen et de plusieurs autres contrées que mes illustres ancêtres conquirent par la force de leurs armes et que mon Auguste Majesté a également conquises avec mon glaive flamboyant et mon sabre victorieux (...). » Langage dont la tonalité « pacifique » n'échappait à personne, à l'époque.

Cet Empire ottoman, qui a annexé le berceau de civilisation que fut l'Empire byzantin, qui voisine avec le Saint Empire romain germanique des Habsbourg, avec la Pologne alors au sommet de sa puissance, avec l'Italie, qui s'étend sur un cinquième de l'Europe, se sent si peu européen qu'il n'a aucune envie de s'imprégner du modèle culturel et politique occidental. Son inspiration, il la cherche dans la civilisation persane, raffinée et prestigieuse, mais de culture musulmane et qui, elle aussi, a trouvé ses sources en luttant contre les Européens, depuis les Grecs de Thémistocle jusqu'aux Macédoniens d'Alexandre ou aux Romains de Valentinien.

Après Soliman le Magnifique, vient le début du reflux. La puissance ottomane reste redoutable, mais son expansion est freinée par une série de coups d'arrêt donnés par les Européens. Coups d'arrêt suivis d'un irréversible déclin. Pendant toute cette période multiséculaire, on ne trouve pas un seul Européen pour penser que « la Turquie a toute sa place en Europe ».

III

L'IDENTITÉ LIBÉRATRICE DE L'EUROPE

« Les minarets sont nos baïonnettes,
les coupoles des mosquées nos casernes,
les croyants nos soldats. »

R.T. Erdogan

La présence européenne de la Turquie va peu à peu changer de signe : de glorieuse et étincelante comme le tranchant de l'épée, elle va devenir incertaine, intermittente, fragile, résiduelle, au fil des désastres militaires et des replis stratégiques qui vont s'enchaîner avec la même intensité que s'étaient succédé les étapes euphoriques de l'irrésistible conquête.

L'« homme malade de l'Europe » finira sur un lit de feuillage, rembarqué de force dans les soutes des galères de l'humiliation, vers ses pénates asiatiques. L'« homme malade » n'était pas européen. Bien sûr, les Turcs et les Européens eurent un passé commun ; les uns, un passé d'assaillants, les autres un passé de victimes, les premiers imposant aux seconds, et ce pendant des siècles, le silence des agneaux qu'on égorge et la servitude des peuples qu'on saigne comme des troupeaux.

Et puis vint le moment du sursaut. La résistance à l'occupant va finir par donner à l'Europe une conscience commune.

La décolonisation de l'Europe sera lente et

longue ; elle ne sera pas linéaire. Elle commence d'ailleurs par une défaite.

En juillet 1570, Chypre – qui se donna pour souverains les rois de Jérusalem[1], après la chute des Etats chrétiens d'Orient, avant de devenir possession vénitienne – est conquise par le vizir Mustafa, sur ordre du fils de Soliman, le sultan Sélim II. La prise de Nicosie, la capitale, donne lieu au massacre de 20 000 habitants. Le port de Famagouste résiste plus d'un an, jusqu'au 1er août 1571, sous la conduite du gouverneur vénitien Marco Bragadino. Ce dernier sera écorché vif après sa reddition. La prise de Chypre suscite une formidable émotion en Europe. Les plus hautes autorités appellent à la reconquête. A la cour de France même, malgré l'alliance avec la Sublime Porte – inaugurée par François Ier –, Ronsard compose un *Vœu à Vénus pour garder Cypre de l'armée du Turc*[2].

Le 7 octobre 1571, dans le golfe de Lépante, non loin de la ville grecque de Corinthe, une flotte européenne, composée de 213 galères espagnoles et vénitiennes, affronte 300 vaisseaux turcs, conduits par l'amiral Ali Pacha. Chacun des deux camps est fort de 100 000 hommes, marins et soldats ; parmi les Espagnols, un jeune homme nommé Miguel de Saavedra, le futur Cervantès, l'un des grands noms de la littérature européenne. Les Européens remportent une victoire totale. Les galères ennemies sont presque toutes prises ou coulées, Ali Pacha est fait prisonnier, 15 000 captifs européens sont libé-

1. La famille poitevine des Lusignan.

2. « Ne permets point qu'un barbare seigneur / Perde ton île et souille ton honneur. »

rés. Cette victoire de Lépante connaît un retentissement considérable en Europe car elle libère les pays chrétiens de la crainte immémoriale du Turc invincible. Avant Lépante, les Ottomans n'avaient jamais été défaits face aux Européens ; après cette bataille navale, ils ne connaîtront plus de succès majeurs face aux puissances européennes.

L'échec des armées turques devant Vienne constitue un nouveau coup d'arrêt à l'expansion ottomane en Europe, à peine plus d'un siècle après Lépante. Assiégée sans succès à l'époque de Soliman le Magnifique, la capitale des Habsbourg l'est de nouveau en 1683. Le grand vizir Kara Mustafa met le siège devant Vienne, le 14 juillet ; il se trouve à la tête d'une armée de 200 000 hommes. La ville est défendue avec acharnement par les Viennois. Une armée de secours, composée de 65 000 Polonais, Autrichiens et Allemands, sous le commandement du roi de Pologne Jean Sobieski et de Charles de Lorraine, fond sur les Turcs à l'ouest de la ville. Le 12 septembre, l'armée ottomane se débande, abandonnant artillerie et vivres, notamment les fameux cinq cents sacs de moka.

Pour les Ottomans, Vienne marque le début d'un déclin irrémédiable. Dès la levée du siège par Kara Mustafa – que le sultan fait décapiter à son retour à Istanbul –, l'empereur Léopold lance ses troupes à la reconquête de la Hongrie, sous la conduite d'un des plus brillants généraux de son temps, le prince Eugène de Savoie. Celui-ci pourchasse inlassablement les armées turques, desserrant leur étau sur l'empire des Habsbourg. En 1697, il leur inflige une défaite décisive à Zenta, en Serbie, ce qui lui permet d'imposer au sultan une paix dans la défaite. Le traité de Karlowitz, en janvier 1699, oblige les Turcs à céder la Hongrie aux Autrichiens, la Croatie et la Transylvanie. La Dalmatie et la Morée (le Péloponnèse) reviennent aux Vénitiens ; l'Ukraine subcarpatique est donnée aux Polonais.

En 1717, le prince Eugène bat de nouveau les Turcs, qui ont voulu prendre leur revanche, en Serbie, à Petrovaradine et à Belgrade. Par le traité de Passarowitz, en 1718, le sultan est contraint de céder à l'Autriche le Banat de Temesvar (Timisoara, en Roumanie), la Valachie et le nord de la Serbie. La frontière européenne de l'Empire ottoman se stabilise pour plus d'un siècle. Avec un fait nouveau d'une portée insoupçonnable à l'époque : ce sont désormais les Turcs qui sont *sur la défensive* en Europe.

En 1812, juste avant d'être attaqués par Napoléon, les Russes s'adjugent la Bessarabie ; cette annexion ne sera confirmée officiellement que soixante-six ans plus tard, par le congrès de Berlin.

En 1821, les Grecs se soulèvent contre l'occupant turc. Celui-ci réplique par une répression impitoyable, avec le massacre des habitants de l'île de Chio et des défenseurs de la forteresse de Missolonghi. Cette brutalité indigne l'opinion européenne, qui presse ses gouvernements de porter secours aux insurgés. Les dirigeants européens publient le 6 juillet 1827, à Londres, un protocole diplomatique préconisant au sultan de reconnaître « l'autonomie de la Grèce dans le cadre de la suzeraineté turque ». Le 16 août, le sultan Mahmoud II rejette une note conjointe de la France, du Royaume-Uni et de la Russie lui demandant de mettre fin aux atrocités contre la population grecque. Le Commandeur des croyants fait même appel à son vassal Méhémet Ali, vice-roi d'Egypte, pour intensifier la répression. Méhémet Ali envoie une expédition commandée par son fils Ibrahim Pacha qui bombarde Athènes et détruit le Parthénon ; les alliés constituent une escadre anglo-franco-russe, sous le commandement de l'amiral britannique Rigny, pour surveiller la flotte turco-égyptienne en rade de Navarin. Le 20 octobre 1827, la flotte européenne envoie par le fond celle du sultan. Peu après, un corps expéditionnaire français débarque dans le Péloponnèse et en chasse les renforts égyptiens, tandis que les Russes menacent Istanbul. Par le traité d'Andrinople, le 14 septembre 1829, Mahmoud II reconnaît l'indépendance grecque.

Dix mois plus tard, le 12 décembre 1830, la Serbie, en état permanent de guérilla antiturque depuis plus de dix ans, obtient du sultan son autonomie. Les garnisons turques évacueront définitivement la Serbie en 1867.

Le 13 juin 1878 s'ouvre à Berlin, à l'initiative de Bismarck, un congrès rassemblant les représentants des grandes puissances européennes et ceux de l'Empire ottoman, afin de redéfinir les frontières de ce dernier sur le continent européen. De ce congrès résulte un nouveau démantèlement des possessions turques en Europe : indépendance de la Serbie, du Monténégro et de la Roumanie, autonomie de la Bulgarie, attribution de la Bosnie et de l'Herzégovine à l'Autriche-Hongrie, placement de Chypre sous mandat britannique...

En octobre 1912 éclate la première guerre balkanique, mettant aux prises avec la Turquie ses anciens vassaux devenus indépendants : Grecs, Serbes et Bulgares, auxquels se joignent les insurgés albanais. Repoussés en Thrace, dans l'arrière-pays d'Istanbul, les Turcs sont obligés de céder la Macédoine, que se partagent Serbie, Grèce et Bulgarie, et d'accorder l'indépendance à l'Albanie, tandis que la Grèce s'attribue Salonique et la Crète [1].

La Première Guerre mondiale consacre la disparition de l'Empire ottoman. Conclu le 10 août 1920, le traité de Sèvres, qui recentre la Turquie sur l'Anatolie originelle, la prive de sa dernière possession en Europe, la Thrace – à l'exception d'Istanbul, seule ville au monde à cheval sur deux continents puisque, depuis 1453, elle s'est étendue sur la rive asiatique du Bosphore. Le contrôle du détroit des Dardanelles est, quant à lui, internationalisé. Ce traité, qui réduit la Turquie à sa plus simple expression en Europe, est considéré comme un diktat par un officier général turc, Mustafa Kemal, dit Atatürk, « le père des Turcs », qui prend les armes, avec le soutien discret des communistes russes au pouvoir à Moscou, pour rétablir la présence turque dans la majeure partie de l'Arménie, cet ancien royaume chrétien, allié des croisés contre les Seldjoukides au XIe siècle, et s'opposer aux prétentions grecques en Asie Mineure. Il met

1. Victor Hugo avait noté dans ses carnets, dès février 1867 : « Pourquoi la Crète s'est-elle révoltée ? Parce que Dieu l'avait fait le plus beau pays du monde, et les Turcs le plus misérable (...) Les Turcs y font la nuit (...) Elle s'est révoltée parce que la Crète est Grèce et non Turquie, parce que l'étranger est insupportable (...) parce qu'un maître baragouinant la barbarie dans le pays d'Etéarque et de Minos est impossible (...). »

les Grecs en déroute et oblige les puissances alliées signataires du traité de Sèvres à réviser le diktat.

Atatürk récupère les détroits et la Thrace par le traité de Lausanne, le 24 juillet 1923. C'est sur la possession de la Thrace – concédée à la Turquie en contravention du traité de Sèvres, qui la lui avait enlevée –, qui représente 3 % de la totalité de son territoire, que la Turquie appuie aujourd'hui ses prétentions à faire partie de l'Union européenne. Ces 3 % sont les ultimes vestiges d'une politique de conquête et de colonisation sur notre continent : n'est-ce pas d'ailleurs avec la conquête de Gallipoli et de la Thrace, enlevés par les armes à l'Empire byzantin, il y a cinq siècles et demi, que les Turcs ont pris pied en Europe ?

Le fleuve est revenu dans son lit, son lit d'Asie. Mais la question reste posée pour les historiens qui savent qu'en histoire, on a beaucoup de mal à échapper à sa nature : la Turquie a-t-elle effacé en elle, pour toujours, cette pulsion secrète pour la *coranisation universelle* ?

N'oublions pas qu'Atatürk lui-même, dont on vante encore de nos jours « l'idéal laïque », accepta sans se faire prier le surnom officiel de Ghazi, autrement dit « tueur de mécréants », *dhimmi* et païens étant pour l'occasion mis dans le même panier ..

Plus près de nous encore, l'invasion de Chypre, cette île indépendante depuis 1960, est un mauvais relent.

Aujourd'hui même, le chef islamiste, dit « modéré [1] », Recep-Tayip Erdogan, l'actuel Premier minis-

1. « Il n'y a pas d'islam modéré ! », selon Atlan Gokalp, turcologue français d'origine turque, sur *France-Culture* le 7 octobre 2004. Dès lors, que dire des « islamistes modérés », le

tre turc, n'a pas craint de ressortir les vers, restés fameux en Anatolie, du poète islamo-nationaliste Ziya Gokalp mort en 1924, destinés à galvaniser l'âme des moudjahid, les « combattants du djihad (la "guerre sainte") », chargés de soumettre, « pour leur bien », tous les peuples à la *charia*, la loi islamique : « Les minarets sont nos baïonnettes, les coupoles des mosquées nos casernes, les croyants (musulmans) nos soldats. » Pour cette citation plus que martiale, M. Erdogan fut contraint en 1998, par la justice turque, de quitter ses fonctions de maire élu d'Istanbul, mais elle ne semble guère avoir ému les eurocrates de Bruxelles...

Ni l'abolition, par Atatürk, du sultanat ottoman, en 1922, puis du califat de l'islam sunnite en 1924, ni celle de l'islam, religion d'Etat en 1928, ne sont parvenues à extirper du cœur des Turcs – à l'exception d'une élite sociale, intellectuelle et militaire représentant à présent moins de 10 % d'une population de plus de 68 millions d'âmes – l'attachement à leur « devoir de répandre la vraie foi » et leur désir d'effacer les échecs passés sur le front de la conquête de l'Europe. La foi islamique de la Turquie est même fort émouvante dans sa fidélité inébranlable aux objectifs premiers de la « meilleure des communautés », naturellement celle des mahométans, selon Allah, dans le Coran...

vocable « islamiste » ayant été forgé vers 1980 par l'orientalisme francophone pour désigner les « extrémistes musulmans » vexés d'être ainsi décrits ?...

En dépit d'une rancune, encore sensible, à l'endroit des musulmans arabes, sujets de Sa Hautesse le sultan-calife, qui, durant la Première Guerre mondiale, pactisèrent avec Britanniques et Français afin de pouvoir satisfaire leurs aspirations à l'indépendance, en dépit de cette rancune résiduelle donc, l'islam turc, après le « despotisme éclairé » d'Atatürk, revint peu à peu à ses racines arabes.

Dès 1949, l'enseignement du Coran fut réintroduit à l'école primaire ; 1950 vit l'appel à la prière (linguistiquement turquifié par Atatürk) derechef lancé en arabe, tandis que s'intensifiaient les pèlerinages des Turcs à La Mecque, que réouvraient des centres de formation d'imams prédicateurs et que les constructions de nouvelles mosquées dans le pays dépassaient bientôt le millier par an.

En 1956, les écoles secondaires turques purent diffuser de nouveau l'enseignement coranique, en attendant que s'ouvrent plus de vingt facultés théologiques musulmanes ; en parallèle, sans émouvoir quiconque à Bruxelles, Ankara fermait d'autorité en 1971, sans explication satisfaisante, le séminaire grec orthodoxe, unique en Turquie, d'Halki, dans l'archipel stambouliote des Princes, et maintes brimades, administratives ou privées, étaient imposées aux derniers chrétiens d'Anatolie – assyriens, chaldéens, syriaques, arméniens ou latins, sans parler des enlèvements de leurs filles ou de la capture de leurs troupeaux.

Les émissions de propagande islamique ont maintenant dépassé les deux cents heures par an à la radiotélévision nationale turque ; les parlementaires jouissent d'une mosquée mais n'ont plus droit à l'alcool dans l'enceinte de l'Assemblée d'Ankara ; enfin, près de 70 % des Turques sortent voilées, etc. L'islam, en principe sous la férule vigilante de l'administration depuis Atatürk, parle de plus en plus d'égal à égal, à présent, avec les autorités gouvernementales, un peu dans l'esprit de l'époque ottomane, où c'était d'ailleurs la même personne qui finit par concentrer en elle le pouvoir politique et l'autorité religieuse. Mettez un turban ou un fez à MM. Erdogan et Abdallah Gül, laissez-leur pousser un collier de barbe et vous verrez qu'ils feront d'excellents califes !...

Cette évolution, ignorée ou occultée à Bruxelles, Paris ou Berlin, est suivie en revanche avec une satisfaction ostensible au sein des nations turques d'Asie centrale, en Azerbaïdjan, au Kazakhstan, en Kirghizie, en Ouzbékistan, au Turkménistan et jusque chez les Ouïgours de Chine, musulmans d'ethnie turque, eux aussi ; chacun de ces peuples compte en effet sur Ankara, et l'avoue déjà sans complexe, pour avoir accès à l'Europe occidentale lorsque la Turquie sera membre à part entière de l'Union européenne...

« L'idée de se rapprocher pacifiquement de l'Europe a cours en Islam depuis le XIXe siècle, lorsque quelques dirigeants musulmans réalistes, de diverses origines, comprirent que, pour eux, la conquête par les armes n'était plus guère possible. Au moment de l'ouverture du canal de Suez, le khédive Ismaïl Ier d'Egypte, d'origine turque et vassal de la dynastie impériale de Stamboul, déclara que désormais le vice-royaume égyptien appartenait à l'Europe[1]... »

Plus près de nous, le roi Hassan II du Maroc posa la candidature de son pays pour qu'il entre dans l'ensemble européen. J'ai eu la chance de rencontrer longuement ce grand chef d'Etat. C'était au palais royal de Rabat, le 15 juin 1992, juste avant le référendum sur Maastricht. Il me confia son inquiétude sur « la dérive européenne, la dérive nordique. L'Europe prend le risque d'un fédéralisme à l'allemande et d'une extension qui l'éloignera de son histoire originelle. Vous, les Français, n'oubliez pas votre parenté affective avec la Méditerranée – *mare nostrum.* Il faut d'urgence tisser avec l'Afrique des liens de partenariat privilégié. La seule Europe qui puisse nous comprendre, c'est une Europe française et une Europe latine ».

Il est clair aujourd'hui que les populations maghrébines, largement francophones et, à certains égards, bien plus « européanisées » que les habitants de l'Anatolie, ressentiront comme une blessure le fait que la Turquie soit acceptée à part entière dans l'Union européenne alors que l'Afrique septentrionale arabo-berbère y est refusée...

En réalité, ni la Turquie ni aucun pays arabe n'a vocation à intégrer l'Europe unie ; ils y provoqueraient, en une ou deux générations, un déséquilibre démographique et culturel qui risquerait fort

1. J.-P. Péroncel-Hugoz, *Le Radeau de Mahomet*, Flammarion, coll. Champs, 1984.

d'entraîner chez nous troubles et affrontements, du type libanais ou yougoslave. Cette perspective permettrait cyniquement aux Etats-Unis d'espérer voir s'éloigner ainsi le spectre d'une Europe-superpuissance battant en brèche leur hégémonie... Quant aux systèmes démocratiques en place aujourd'hui dans toute l'Europe, ils risqueraient de succomber sous le poids de populations hétérochtones à présent en pleine réislamisation – nul ne peut plus le nier –, d'Ankara à Casablanca via Bakou et Alger : des populations aux yeux desquelles « la loi de Dieu doit toujours l'emporter sur les lois humaines », donc le Coran sur la démocratie...

La Turquie a une autre mission à remplir : devenir un véritable arc de sympathie entre l'Europe et le monde arabo-islamique. Afin d'assumer librement ce rôle capital de « pont de l'esprit » entre deux civilisations à la fois antinomiques et voisines, la Turquie ne devrait évidemment appartenir à aucun ensemble organisé.

Son intégration dans l'Europe serait, contrairement à l'élargissement à l'Est, une faute mortelle pour l'équilibre et pour la paix. Alors, pourquoi cette fuite en avant vers ce mélange de deux civilisations ? C'est à croire que l'Europe, qui n'ose plus se regarder elle-même, qui n'ose plus ni se nommer ni reconnaître l'immense richesse de ses diversités et la splendeur de son unité retrouvée – c'est à croire que cette Europe absente, absente d'elle-même, est aspirée par le vide.

IV

LE PROCÈS TURC INTENTÉ À L'EUROPE

« Dites-nous quelles sont les conditions de l'adhésion de l'Europe à la Turquie. »

Monsieur Jourdain

Tous les jours, les Français se voient proposer le même syllogisme implacable : alors que l'entrée de la Turquie conditionne la paix si chèrement acquise par nos pères pour le siècle suivant, quiconque s'oppose à cette entrée choisit le camp des va-t-en-guerre, voire des islamophobes un peu maniaques. Le plus simple est donc de se taire, pour ne pas être suspecté de bellicisme primaire ou de fièvre anti-turque.

Dans toutes ses interventions sur ce sujet grave, le Mamamouchi reprend les pièces du procès, qu'il considère, semble-t-il, comme terriblement probantes[1]. Il les expose en formulant deux avertissements, deux objections chargées de sous-entendus, à l'adresse de ses adversaires virtuels.

Curieusement, Jacques Chirac et R. T. Erdogan, parfaitement au diapason, semblent avoir trouvé leur inspiration chez George Bush qui ressasse le même discours simpliste : « La Turquie dans

---

1. Notamment la conférence de presse du 20 novembre 1999 à Istanbul (sommet de l'OCDE).

l'Union européenne, cela prouvera que l'Union n'est pas le club exclusif *d'une seule* religion... L'affrontement des civilisations sera ainsi ramené au rang d'un mythe en train de disparaître de l'histoire [1]. »

Il convient de faire ici justice de ces deux objections américano-turques.

La première est celle du club chrétien. Elle est ainsi formulée : « Votre opposition à l'entrée de la Turquie est uniquement due au fait qu'elle est un pays musulman et qu'à ce titre elle serait indigne, selon vous, d'appartenir à l'Europe que vous voudriez faire passer pour un "club chrétien". Or l'Europe n'est pas un club chrétien et, en faisant comme si elle l'était, vous êtes en train de rallumer des guerres de religion heureusement éteintes depuis longtemps. »

Cette accusation mérite une première remarque : dire qu'il faut intégrer la Turquie afin de démontrer que l'Europe n'est pas un club chrétien, et ne rejette donc pas un candidat islamique, relève de l'absurde : a-t-on jamais demandé à la Ligue arabe d'intégrer Israël ou l'Inde pour prouver au monde qu'elle n'est pas un club musulman ? L'objection est évidemment de mauvaise foi : elle ne consiste pas à réfuter ce que disent les opposants à l'entrée de la Turquie, mais à le caricaturer.

En effet, nous ne disons pas, nous n'avons jamais dit que l'Europe est un club chrétien, et ceci pour une raison simple : l'Europe ne l'est plus depuis deux siècles ! Nous vivons aujourd'hui dans une

1. Discours à Istanbul, 27 juin 2004.

société post-chrétienne, multiconfessionnelle. En revanche, on pourrait plus justement avancer que la Turquie, autrefois bariolée, est, elle, devenue un club musulman où ne subsiste qu'une infime minorité d'Arméniens, de Grecs, de Latins. N'inversons pas les rôles. La réalité, c'est que les chrétiens sont aujourd'hui moins nombreux dans toute la Turquie que ne le sont les musulmans dans un seul département français [1]. Il y avait, en 1900, 12 % de chrétiens en Turquie ; il y en a aujourd'hui 0,1 %.

Quant à la fameuse « laïcité turque », il faudrait y regarder à deux fois : « Comment peut-on soutenir qu'un pays dont 70 % des femmes sont voilées, dont l'Etat entretient 90 000 imams et des milliers de mosquées, un pays qui mentionne les religions sur les cartes d'identité, qui interdit la haute fonction publique et militaire aux non-musulmans et qui est dirigé par un parti (l'AKP) issu d'un courant islamiste victorieux aux élections depuis le début des années quatre-vingt-dix, est encore un pays laïque [2] » ?

Dans une résolution votée le 1er avril 2004, relative au « rapport Oostlander », le Parlement européen se dit lui-même navré de « constater que la Turquie a toujours une interprétation de l'Etat séculier qui n'est pas celle de l'Union européenne, et qu'il y a plutôt lieu de parler d'un contrôle de l'Etat sur la confession principale et d'une discrimination des autres confessions ».

Pays fondateur de l'Organisation de la Commu-

---

1. Alain Besançon in *L'Express*, 12 décembre 2002.
2. Rapport Oostlander, « Les progrès de la Turquie sur la voie de l'adhésion », A5-0204/2004.

nauté Islamique, l'OCI, qui est un organisme de coopération internationale de premier plan, la Turquie peut-elle sérieusement reprocher aux Européens d'être tentés de former virtuellement un club chrétien alors qu'elle a fondé réellement un club musulman ? Il faut le répéter avec force : nous n'avons jamais dit qu'il fallait préserver l'Europe en tant que « club chrétien ».

Ce que nous disons est différent : c'est que l'Europe a des racines chrétiennes. Et c'est irréfutable. François Mitterrand parlait même « des frontières de l'Europe dont les limites ont été dessinées par la ligne des dernières églises romanes ». Les laïcistes qui ont rédigé le projet de Constitution peuvent bien renier leurs racines, cela ne les empêche pas d'exister. Que l'Europe feigne de l'ignorer ou veuille l'oublier, le christianisme est dans ses gènes comme l'islam dans ceux de la Turquie ; l'Europe et la Turquie sont, pour une très large part, ce que les ont faits respectivement le christianisme et l'islam. C'est ainsi, et nul ne peut effacer le passé.

Souligner ce fait, ce n'est pas, comme on prétend m'en faire grief, invoquer un argument confessionnel ; c'est appeler l'attention sur ce qui est à l'origine de différences insurmontables entre l'Europe et la Turquie. Elles affectent d'abord leur passé qui, même lorsqu'il leur est commun, donne lieu de leur part à des lectures opposées et inconciliables. La prise de Constantinople fut reçue comme un désastre par les Européens et saluée comme un triomphe par les Turcs. Lépante et Navarin furent des victoires européennes et des défaites turques. Ce qui réjouissait les uns était précisément ce qui désespérait les autres. L'Empire ottoman a menacé pendant près de deux siècles de submerger l'Europe. L'Europe, au cours des deux siècles suivants, a fini par briser l'Empire ottoman.

C'est encore la religion qui a créé entre leurs cultures respectives une telle distance qu'elles s'ignorent mutuellement et demeurent étrangères l'une à l'autre. Quel écrivain, quel musicien, quel philosophe turc un Européen, même cultivé, est-il en mesure de citer ? En revanche, il citera facilement, pour les avoir lus avec une passion familière, Dostoïevski, Tolstoï, Pouchkine ou Soljenitsyne. Et il fredonnera des mélodies populaires de Tchaïkovski, Stravinski ou Prokofiev.

Exception faite, enfin, des milieux très occidentalisés d'Istanbul ou d'Ankara, les deux sociétés diffèrent trop l'une de l'autre par leurs us et coutumes, leurs comportements et la place qu'elles font à la femme, pour envisager de se mélanger. Turcs et Européens n'ont ni les mêmes souvenirs, ni les mêmes références, ni la même manière de vivre. Comment auraient-ils le même projet ?

Cela ne signifie pas que l'Europe et la Turquie soient condamnées à n'avoir que de mauvais rapports ou pas de rapport du tout. L'expérience a montré au contraire, depuis l'avènement de la Turquie moderne de Mustafa Kemal, que les terrains de coopération entre Ankara et les capitales européennes sont nombreux et fructueux. Depuis près d'un siècle, ils se sont développés aussi bien sur un plan bilatéral que multilatéral, à travers l'OTAN, le Conseil de l'Europe et l'Accord d'association avec la Communauté économique européenne. Entre les souverainetés nationales européennes et la souveraineté nationale turque, des liens de toutes natures peuvent se créer à l'avantage de tous. L'erreur est de transposer au niveau des peuples ce qui est vrai au niveau des Etats. Les peuples ne sont pas faits d'une argile si molle qu'on puisse les remodeler ou les fondre. Si on veut unir les peuples, il ne faut pas les intégrer comme des marrons dans une purée de marrons. Quand on entend l'expression de M. Barroso : « Il faut que la Turquie accepte de se plier à l'Europe », il y a lieu de s'inquiéter : on ne plie pas les cultures et les peuples. Prenons garde qu'un jour, fatiguée de « se plier », la Turquie ne « se déplie » brusquement et que le ressort ne se brise dans un choc en retour explosif.

Rappeler que l'Europe a des racines chrétiennes et que la Turquie est un pays musulman, ce n'est pas manifester du mépris pour une Turquie qu'on jugerait inférieure, mais du respect pour une Turquie qu'on constate différente et à qui on reconnaît le droit de rester ce qu'elle est.

La seconde objection consiste à dire qu'en refusant d'accueillir la Turquie dans l'Union, on fait le jeu de l'*islamisme intégriste.* Repoussée par l'Occident, la Turquie en deviendrait fatalement l'ennemie et rejoindrait le camp du terrorisme islamiste ; accueillie par l'Europe, au contraire, comme un de ses membres, la Turquie ferait de son *islam modéré* le pôle de ralliement de tous les musulmans.

Remarquons tout de suite que, pour ceux qui formulent cette objection, l'affaire euro-turque est à replacer dans un cadre beaucoup plus vaste. Il ne s'agit plus de savoir quel est l'intérêt de l'Europe ou de la Turquie, pour ne pas parler de la France. L'Europe et la Turquie ne sont plus que de simples pions dans une gigantesque partie géostratégique qui oppose, à l'échelle de la planète, la démocratie occidentale à l'intégrisme islamique, les forces du bien aux forces du mal. Peu importe, par conséquent, ce qu'il en coûtera à l'Europe. Il faut que celle-ci fasse en sorte que la Turquie ne bascule pas dans le camp du mal. Peu importe aussi ce qu'il en coûtera à la Turquie ; il faut que celle-ci mette tout en œuvre pour rejoindre le « camp du bien ». A défaut de cette double abnégation, nous assure-t-on, le pire serait à craindre pour la paix du monde.

Difficile de dramatiser davantage les enjeux. Mais difficile aussi de ne pas voir qu'à force de vouloir élever le débat, nos experts en stratégie en arrivent à confondre les calculs de la politique avec les visions, pour ne pas dire les songes de l'eschatologie. Ils prétendent épargner au monde les affres de la guerre des civilisations, mais leur théorie n'a de sens que si cette guerre est déjà en cours, bat son plein et même n'est pas loin d'être perdue. Elle suppose ce qu'elle feint d'éviter. Mais cette théorie n'est rien d'autre qu'une pétition de principes à haut risque pour la paix du monde. L'Amérique du Président Bush a cru elle aussi qu'il fallait tout rapporter à la guerre contre le terrorisme, parce que cette guerre était omniprésente et qu'opposant la lumière aux ténèbres, elle était une affaire de vie ou de mort. On a vu en Irak dans quel guêpier cette intuition a conduit les Américains.

La théorie comporte un second postulat : c'est que l'Europe n'est pas affaire de géographie ou d'histoire mais de *choix*, et qu'il n'est donc pas nécessaire d'être né européen pour le devenir : il n'y a qu'à le vouloir. C'est une idée assez extraordinaire quand on y réfléchit. Nul n'a jamais pensé qu'un Etat situé en Afrique pouvait à son gré se déclarer américain ni un Etat situé en Amérique se déclarer africain. Parallèlement, on ne sache pas qu'aucun Etat ait jamais pu changer son passé ou se revêtir pour ainsi dire d'un passé qui ne serait pas le sien. L'Europe dans laquelle entrera la Turquie serait donc une Europe sans passé, ni souvenir ni territoire. C'est une Europe qui n'a pas de frontières, une Europe qui n'a que des critères, les critères de Copenhague ; et ces critères ne sont attachés à aucun temps ni à aucun lieu ; ils sont universels. Ce sont ceux d'une religion. L'Europe est donc une religion et, comme telle, elle n'a pas de frontières. Tout le monde peut devenir européen parce que tout le monde peut se convertir. De ce point de vue, l'Europe est ouverte. Mais elle compense cette ouverture géographique par une frontière morale et spirituelle, fondée sur l'ordre moral postmoderne dont le grand prêtre, au Parlement européen, est Daniel Cohn-Bendit. Qui dit religion, en effet – de surcroît religion séculière –, dit nécessairement orthodoxie, index, Saint-Office et Inquisition.

Ce n'est pas tout. L'Europe veut faire de la Turquie la vitrine d'un islam modéré compatible avec la modernité et avec la démocratie. De deux choses l'une : ou bien le pari est gagné, ou bien il est perdu.

S'il est gagné et si la Turquie réussit la synthèse de la religion musulmane et de l'alternance démocratique, elle deviendra un modèle pour ces millions de musulmans qui aspirent à cette synthèse. Elle sera, pour eux, comme une réplique moderne de La Mecque. Investie d'une sorte de califat spirituel, cette Turquie sera bien placée pour demander à l'Europe d'ouvrir ses portes à tous les pays musulmans qui se montreraient prêts à accepter le modèle turc. Et l'Europe pourra d'autant moins s'y refuser que c'est en fonction de ce calcul qu'elle aura admis la Turquie et que ce calcul se sera révélé juste. Elle s'ouvrira alors à de nouveaux Etats musulmans et, bientôt, s'en trouvera submergée. Cette éventualité, dira-t-on, a peu de chances de se produire. Mais alors, c'est que la synthèse islamo-démocratique aura échoué. Et c'est naturellement le plus vraisemblable.

Cette seconde éventualité se vérifiera : soit dans l'hypothèse où l'islam viendrait à bout de la démocratie, soit dans l'hypothèse où la démocratie viendrait à bout de l'islam. Dans le premier cas, l'Europe aura fait un marché de dupes. Dans le second, elle aura gagné un adepte de plus, mais ce sera au prix d'une guerre sourde et inexpiable avec le monde musulman. Si, en effet, l'islam se dissout dans l'Europe démocratique, les musulmans comprendront que l'Europe est en réalité, sous ses dehors accueillants, leur pire ennemi. Certains qu'on ne les embrasse que pour mieux les étouffer, qu'elle s'est arrogé le droit de distinguer entre un bon islam et un mauvais islam à seule fin de les diviser ; que les musulmans turcs se sont laissés circonvenir ou acheter pour devenir traîtres à l'islam et servir de cheval de Troie à la religion européenne. Sous couleur d'éviter *la guerre des civilisations,* l'Europe en aura donné le signal.

Bref, on veut nous présenter l'entrée de la Turquie comme un acte de sagesse politique dicté par les intérêts supérieurs de la paix mondiale. En réalité, dès qu'on l'analyse, la brillante manœuvre se révèle pour ce qu'elle est : une contradiction qui, dans tous les cas de figure, ne peut que conduire à une catastrophe. Elle suppose la guerre des civilisations qu'elle prétend écarter. En faisant de l'*Europe* une *religion,* elle en fait une rivale de l'islam et justifie la guerre au lieu de l'exorciser. En intervenant au sein de l'islam, en prenant parti pour certains musulmans contre d'autres, en montrant à tous ce qu'elle décrète être le bon islam, elle croit sans doute se donner les moyens de vaincre. Elle prend surtout le risque de soulever contre elle l'islam tout entier, et, dans toutes les hypothèses, elle se condamne à déclencher la guerre dont elle assure ne pas vouloir.

M. Erdogan ne cesse de répéter : « Si l'Europe n'est pas un club chrétien, qu'elle le dise ! » Ce ton menaçant fait froid dans le dos. On a vraiment l'impression que la charge de la preuve est renversée : c'est à nous, Européens, de montrer patte turque. M. Erdogan nous dicte ses conditions, les conditions de l'adhésion de l'Europe à la Turquie. Première condition : ne pas inscrire les racines historiques de l'Europe dans la Constitution, etc.

V

UN NON-SENS GÉOPOLITIQUE

« L'Europe de l'Atlantique à l'Aral. »

Monsieur Jourdain

Dans l'analyse géopolitique du continent eurasiatique, on a coutume de distinguer le monde européen, le monde russe, le monde turc, le monde iranien, le monde arabe, le monde chinois. Chacun de ces mondes a une histoire et des traits culturels propres. Chacun de ces mondes, sur la longue durée, s'est affronté aux autres. Chacun de ces mondes se décline, à l'intérieur, à partir d'entités souveraines, les nations. Pour exister sur la scène internationale de manière autonome, l'Europe ne peut faire fi de son identité, c'est-à-dire de sa géographie et de son univers culturel.

Vers l'Est, l'Europe s'étire en Eurasie, sans limite territoriale précise. La géographie physique n'est donc pas le repère le plus pertinent pour dessiner la carte de l'Europe, c'est-à-dire pour la situer dans le monde, et ainsi lui donner des contours précis et une délimitation véritable.

C'est la *géographie culturelle* – en termes de civilisation – qui nous renseigne vraiment sur les frontières de l'Europe. Sur le continent eurasiatique, l'Europe, c'est la sédimentation de multiples expériences historiques communes, c'est-à-dire un ensemble de sociétés pétries par la Grèce classique, Rome, la chrétienté médiévale, puis la Renaissance, la Réforme, la Contre-Réforme, puis encore les Lumières et le romantisme. L'historien Jacques Le Goff l'a parfaitement résumé[1]. Et Paul Valéry l'a exprimé avec force : « J'appelle européenne toute terre qui a été successivement romanisée, christianisée et soumise, quant à l'esprit, à la discipline des Grecs. »

La définition géopolitique de l'Europe repose sur un kaléidoscope de nations très différentes, par la variété des langues et des traditions et, en même temps, elle s'établit sur une réalité unitaire, un pied-mère ancestral nourri d'une sève et d'une histoire communes, une vision partagée du bien commun. Ne voir que les greffons, en oubliant le pied-mère, conduirait à perdre le fil d'Ariane de l'Europe. Refuser de laisser vivre les greffons que sont les nations conduirait à perdre les peuples en route. Il faut donc accepter pour le monde européen ce que nous admettons pour le monde musulman. Il est à la fois *un* et *multiple.* C'est là leur seule similitude. Pour le reste, ils n'ont pas vécu ensemble. La Turquie n'a pas participé à la grande aventure spirituelle et intellectuelle de l'Europe occidentale.

Le monde musulman est *un* parce que, des rivages du Maroc jusqu'à la péninsule malaise, il y a une indéniable unité culturelle islamique et une réelle solidarité islamique. Il est *multiple,* parce que les traits unitaires cohabitent avec de nombreux traits distinctifs. Cette diversité ouvre sur des horizons de

1. Jacques Le Goff in *Libération,* 6 novembre 2003.

singularités enracinées dans le temps. Ethnolinguistique avec les Perses, les Arabes, les Turcs, les Malais, les ethnies d'Afrique subsaharienne, les Indiens, etc., cette diversité prend la forme de fractures profondes, comme la cassure entre les sunnites et les chiites qui secoue le monde arabo-musulman, oppose Perses et Arabes, mais sépare aussi les communautés musulmanes à l'intérieur du Pakistan. Sans compter les particularismes qui ont donné naissance à des « islams nationaux » : le particularisme zaydite qui a fondé l'idée de nation yéménite, le particularisme ibadite qui a fondé Oman, le particularisme wahhabite qui a enfanté l'Arabie Saoudite... Sans oublier la grande variété des écoles juridiques du sunnisme qui diffèrent selon les zones géographiques considérées : le malékisme dans le Maghreb, le chaféisme en Asie du Sud-Est et en Afrique orientale, l'hanafisme dans l'ancien Empire ottoman, l'hanbalisme dans le Golfe arabo-persique. Dans ce monde musulman, la Turquie occupe une place fondamentale.

Sur le plan géopolitique, la Turquie entraîne le mouvement du monde qui l'entoure à partir d'un double moteur de puissance : pour le monde turcophone et pour le monde islamique.

D'abord un *moteur de puissance pour le monde turcophone* : sous l'Empire ottoman comme sous la République kémaliste dite laïque, l'idée panturque, c'est-à-dire l'idée de rassembler tous ceux qui parlent turc et se reconnaissent une ascendance turque, a été soutenue par la Turquie avec la plus grande attention. Sous l'Empire ottoman, panturquisme et panislamisme allaient de pair. L'idée était de polariser tous les turcophones et, au-delà, tous les musulmans de l'Empire russe puis soviétique vers Istanbul.

Avec la Révolution des Jeunes Turcs, à partir de 1908, le panislamisme fut officiellement abandonné et la République turque entreprit de soutenir un panturquisme « laïque ». C'est ainsi que la Turquie a aujourd'hui une politique active dans les ex-Républiques soviétiques turcophones, devenues indépendantes.

Elle est en rivalité directe avec la Russie ou la Chine, au Xinjiang, et s'emploie à relayer l'influence américaine. Les séparatistes ouïgours, turcophones, de la province chinoise du Xinjiang disposent ainsi de bases d'entraînement militaire sur le territoire turc. Il y a donc un engagement turcophone très actif de la part de la Turquie, dont les conséquences vont jusqu'à la déstabilisation de pays comme la Russie ou la Chine.

Or l'intégration de la Turquie dans l'Union européenne va réveiller le panturquisme. Pourquoi ? Tout simplement parce que la Turquie va s'inscrire dans la logique du droit européen, c'est-à-dire d'un droit qui affaiblit l'unité des Etats-nations et favorise l'essor des alvéoles communautaires fondées sur les réalités ethnolinguistiques.

Il suffit, pour s'en convaincre, de se reporter à la Charte des droits fondamentaux qui est intégrée dans le projet de Constitution européenne et qui sera soumise, au fil des conflits d'interprétation, à l'arbitrage de la nouvelle Cour suprême, la Cour de Justice européenne. Beaucoup d'hommes politiques s'interrogent[1] sur la portée de certains articles, qui réjouissent les tenants du communautarisme.

Premier exemple : l'article 2, relatif aux « valeurs de l'Union », proclame que celle-ci est « fondée sur le respect des droits de l'homme, y compris des droits des personnes appartenant à des minorités ». Nous voilà devant le risque d'une interprétation de la Cour de Justice consacrant le principe du respect des minorités, c'est-à-dire des communautés, y compris en France, contre toutes nos traditions qui ne reconnaissent que les citoyens « sans distinction d'origine, de race ou de religion ».

Deuxième exemple : l'article 70 consacre « la liberté de manifester sa religion ou sa conviction individuellement ou collectivement, en public ou en privé ». Le principe de laïcité n'y résistera pas longtemps.

En tuant le jacobinisme de la Turquie « moderne », l'Union européenne va réveiller le panturquisme, c'est-à-dire l'idée que les Turcs de Turquie doivent être solidaires des Turcs d'Asie centrale et de la Fédération de Russie. On peut dire que l'Union européenne, en démantelant la Turquie moderne, réveille l'Empire ottoman. « *L'Empire* – européen – appelle en quelque sorte *l'Empire* – ottoman[2]. »

La Turquie dans l'Union plaidera donc pour intégrer, à sa suite, l'Asie centrale ; ce qui est d'ailleurs parfaitement conforme aux plans américains qui prévoient l'extension de l'OTAN jusqu'aux fron-

1. Entretien Michel Charasse, *Le Figaro,* 20 octobre 2004.
2. Aymeric Chauprade, François Thual, *Dictionnaire de géopolitique,* Ellipses, 1998.

tières chinoises. Et elle fera pression également pour « émanciper » les Turcs de la Fédération de Russie. On peut donc s'attendre à des tensions entre l'Union européenne et la Russie. Voilà pour le premier moteur de puissance, le moteur de puissance pour le monde turcophone.

Mais la Turquie actionne aujourd'hui aussi un deuxième moteur, d'une force d'entraînement planétaire, le *moteur de puissance pour le monde islamique.*

Dans la lignée de l'Empire ottoman, qui incarnait l'idée du califat islamique réunifié, la Turquie a toujours soutenu les dynamiques unitaires islamiques. Elle est un point de rendez-vous planétaire du monde musulman. Sait-on par exemple qu'elle a accueilli, il y a quelques mois, la 31e session de la Conférence islamiste des ministres des Affaires étrangères[1] ? La conférence a été ouverte par un discours d'Ahmet Necdet Sezer, le Président de la République turque, et elle fut présidée, pendant toute sa durée, par son compatriote Abdullah Gül, le ministre des Affaires étrangères.

Le communiqué final est édifiant : « La conférence a appelé l'Europe à s'abstenir de toute utilisation de l'universalité des droits de l'homme comme prétexte pour s'ingérer dans les affaires intérieures des Etats et porter atteinte à leur souveraineté nationale. Elle a, en outre, dénoncé la décision de l'Union européenne condamnant la peine de lapidation et les autres peines qualifiées d'inhumaines

1. Istanbul, 14-16 juin 2004.

et qui sont appliquées dans certains Etats membres en vertu des dispositions de la charia. »

Aujourd'hui, en Turquie, la tendance islamiste est de nouveau dominante. Or, pour les islamistes turcs, c'est un impératif moral de soutenir le panislamisme dans le Caucase, en Asie centrale et sur les territoires musulmans de la Fédération de Russie. Car, pour eux, panislamisme et panturquisme vont de pair, le panturquisme étant au service du panislamisme. Pour eux, l'Union n'est pas *une fin*, mais *un moyen*. En entrant dans l'Union, la Turquie en retirera des avantages matériels et un prestige dont aucun autre pays musulman ne dispose. Elle pourra apparaître rapidement comme le premier moteur de puissance au sein du monde islamique et exercer une attractivité forte sur tous les autres musulmans :

– sur les populations islamiques immigrées d'Europe occidentale, turques et africaines ;

– sur les populations turcophones et iranophones du Caucase et d'Asie centrale ;

– sur les populations musulmanes de la Fédération de Russie, dont elle se fera l'avocate au sein de l'Union européenne ; ceci ne manquera pas de compliquer les relations de l'Union européenne avec la Russie. En effet, l'opinion publique turque est très sensible au sort des populations turcophones de l'ex-URSS. Elle poussera de plus en plus fortement son gouvernement à s'ingérer dans les affaires russes.

Suivant cette logique, on peut prédire qu'une Turquie intégrée à l'Europe sera un formidable ferment de communautarisme islamique, d'une part dans l'Union européenne et, d'autre part, dans la Fédération de Russie.

Toute l'histoire des Turcs révèle cette capacité à prendre le pouvoir depuis l'intérieur des structures supra-ethniques ou supranationales, c'est-à-dire de l'intérieur des empires. De par leur tradition militaire et leur sens de l'organisation, les Turcs – l'histoire de leurs voisinages en témoigne – sont très vite devenus indispensables aux autres ethnies musulmanes dans les constructions islamiques impériales ; ils ont toujours su prendre le pouvoir car ils restaient turcs. L'exemple le plus célèbre est celui des Mamelouks en Egypte : là comme ailleurs, on retrouve une vraie logique impériale.

La Turquie appartient à un autre monde géopolitique que l'Europe. Son entrée agirait comme un accélérateur de communautarisme et un vecteur de tension avec la Russie, car une partie du monde turc qui se trouve dans la Fédération de Russie œuvrerait pour aller vers l'Union européenne et tourner le dos à Moscou.

La Commission de Bruxelles a donc, le 6 octobre 2004, publié sa « recommandation ». En la lisant attentivement, j'ai sursauté devant les lignes suivantes : « Dépassant les trois millions, les Turcs représentent, de loin, le groupe le plus important de ressortissants de pays tiers résidant légalement dans l'Union européenne actuelle. Les études disponibles donnent des estimations divergentes sur l'augmentation de l'immigration attendue à la suite de l'adhésion de la Turquie. » La démographie ne peut pas être mise de côté dans tout ce débat.

En effet, si « elle était admise au sein de l'Union européenne, la Turquie ne serait pas un membre parmi d'autres : elle serait un membre prépondérant[1] ».

La Turquie serait d'emblée la première puissance militaire européenne – son armée, forte de 650 000 hommes, est la seconde de l'OTAN après celle des Etats-Unis – et très vite la première puissance démographique avec 90 millions d'habitants en 2020 sans compter, dès maintenant, la connexion étroite avec les 120 millions de turcophones de l'ex-URSS auxquels Ankara accorde généreusement la nationalité turque.

Peut-on imaginer sérieusement une Union européenne où *la Turquie* aurait *plus de voix* au Conseil que *la France* et *plus de députés* européens au Parlement de Strasbourg que *l'Allemagne* ?

1. Dominique Souchet au Parlement européen, 1er juillet 2003.

VI

UN PROJET AMÉRICAIN

« Les Etats-Unis *d*'Europe ou les Etats-Unis *en* Europe ? »

James Baker

Lors de sa conférence de presse du 28 juin 2004, à l'occasion du Sommet de l'OTAN, Jacques Chirac a eu à répondre à une question insistante d'un journaliste américain :

« Monsieur le Président, le Président Bush a affirmé ce matin que l'Union européenne devait ouvrir immédiatement des négociations afin de faire entrer pleinement la Turquie comme Etat membre de l'Union européenne. Qu'en pensez-vous ? »

Avec un brin d'agacement, M. Chirac rétorque :

« Si le Président Bush a véritablement dit cela, eh bien, il est allé sur un terrain qui n'était pas le sien. Et il n'avait aucune vocation à donner une indication ou une voie quelconque à l'Union européenne dans ce domaine. Un peu comme si j'expliquais aux Etats-Unis la façon dont ils doivent gérer leurs relations avec le Mexique. »

En résumé, Jacques Chirac, agacé, s'interroge : « De quoi je me mêle ? » Cet incident est révélateur de l'énorme pression américaine sur les Etats européens et du projet secret américain : faire coïncider le *périmètre de l'Europe* avec le *périmètre de l'OTAN.*

La question de l'entrée de la Turquie dans l'Europe est une vieille question. Elle remonte à l'époque de la guerre froide, dans un contexte donc particulier. Sans l'opposition bipolaire Washington-Moscou, et sans la volonté américaine d'empêcher un pays stratégique de tomber dans le camp communiste, la Communauté économique européenne n'aurait jamais fait les promesses qu'elle a faites à Ankara. A l'époque, le bloc atlantique avait besoin de la forteresse militaire turque dans l'OTAN. L'idée était de faire rêver les Turcs « d'Europe » pour consolider leur ancrage à l'Ouest, tout en prétextant l'obstacle des « droits de l'homme » pour repousser sans cesse l'adhésion.

Lorsque le Mur de Berlin et le Rideau de Fer se sont effondrés, les gouvernements européens auraient pu parler un langage de vérité à la Turquie : ils auraient dû lui dire que la cohérence du projet européen impliquait la cohérence des frontières. Ils auraient pu défendre alors l'idée d'un partenariat renforcé pour toute la périphérie méditerranéenne de l'Union. Pourquoi ne l'ont-ils pas fait ? Parce qu'ils ne construisent pas l'Europe mais établissent les bases d'une Communauté euroatlantique de pays franchisés. Ce projet est sous-tendu lui-même par le mondialisme, c'est-à-dire la volonté de réaliser un village mondial de consommateurs, coupés de leurs attachements vitaux. C'est dans ce sens que s'est récemment exprimé Jacques Chirac : « L'Europe n'a pas de frontières. La démocratie n'a pas de frontières[1]. »

Depuis 1990, ce qui a pris forme sur le plan stratégique, ce n'est pas l'Europe-puissance, mais le *bloc*

1. Nîmes, le 14 novembre 2004.

transatlantique. Pour les Américains, ce projet est le vecteur d'une mondialisation qu'ils souhaitent contrôler dans le siècle qui s'ouvre.

Ce programme passe par une étape intermédiaire, avant la réalisation du marché planétaire dont les normes et le système financier seraient à dominante anglo-saxonne : il s'agit de contrer la Chine. Aymeric Chauprade a raison d'insister sur la centralité de la Chine dans la stratégie globale des Etats-Unis.

En prévision d'une compétition stratégique et économique forte avec les Chinois, tout au long du XXIe siècle, les Américains s'emploient à la construction d'un vaste « bloc euro-atlantique, de Vancouver à Vladivostok », selon l'expression de James Baker en 1991, qui vise à intégrer, outre l'Union européenne élargie aux ex-pays satellites de l'URSS, la Russie elle-même, la Turquie et Israël.

Pour réaliser ce bloc transatlantique antichinois, l'Amérique a besoin d'une Union eurasiatique élargie à la Turquie, au Caucase et à l'Asie centrale. Après l'entrée de la Turquie, on nous dira donc que les turcophones d'Asie centrale ne sont pas bien différents des Turcs de Turquie, et qu'ils ont donc vocation à intégrer eux aussi l'Union européenne.

Le véritable guide des élargissements européens, ce n'est pas l'Europe, c'est l'OTAN, la cabine de pilotage de toutes les réflexions géostratégiques sur le sujet. Les pays de l'élargissement européen de 2004 sont les pays des élargissements de l'OTAN de 1999 et 2002. Le Caucase et l'Asie centrale sont déjà dans « le Partenariat pour la Paix », sas de préparation à l'entrée dans l'OTAN.

La présence américaine en Asie centrale depuis

la guerre contre les talibans vise notamment à accélérer la préparation de l'Asie centrale à son entrée dans l'OTAN tout en projetant les troupes US jusqu'aux frontières de la Russie et de la Chine.

Les Américains veulent donc qu'on bâtisse l'*Union eurasiatique* et non l'*Union européenne* ; cette union eurasiatique s'étendra jusqu'aux frontières de la Chine, avec l'OTAN comme système de défense ainsi qu'un partenariat transatlantique et transpacifique euro-russo-américain.

Regardons les choses dans la longue durée. Monde chinois – civilisation sédentaire – et monde turc – civilisation nomade – se sont livré, durant des millénaires, une guerre sans merci. La turquisation de l'Asie centrale a mis fin au règne des Chinois. Aujourd'hui, les Etats-Unis, face à la Chine, font le pari de l'alliance avec les Européens, avec l'Asie turque et avec les Russes. Ils seront en même temps les arbitres des inévitables querelles provoquées par l'élargissement eurasiatique de l'Union européenne entre Européens, Turcs et Russes.

L'adhésion de la Turquie est aussi pensée par rapport à Israël. Ankara et Tel-Aviv se sont rapprochés militairement en 1996. Un axe israélo-américano-turc surveille la Méditerranée orientale et les pays arabes « les plus turbulents » du Proche-Orient. Aucun pays arabe n'est programmé à l'agenda des adhésions dans l'Union. Outre la candidature turque, certains gouvernements européens appuient régulièrement l'idée de voir Israël intégrer l'Europe.

Depuis que les islamistes sont au pouvoir en Turquie, la politique étrangère turque est un peu moins pro-américaine et pro-israélienne : on se souvient du refus turc de servir de point d'appui de l'attaque américaine contre l'Irak en 2003.

Le calcul stratégique israélo-américain est d'intégrer la Turquie dans l'Europe, de manière à maintenir celle-ci dans sa ligne atlantiste et, du même coup, à renforcer le poids de l'atlantisme dans les institutions européennes. Il y a donc bien deux visions géopolitiques antinomiques qui s'affrontent :

– un vrai projet européen, celui d'une Europe-puissance, l'Europe des nations, modèle original de coopérations à géométrie variable, dans ses frontières naturelles, avec un partenariat euro-méditerranéen et une politique d'équilibre poussant à un règlement israélo-palestinien équitable ;

– le projet américain, c'est-à-dire un projet schizophrénique avec une *Union eurasiatique*, qui, intégrant l'allié turc, imploserait sous l'effet d'un double mouvement de dilution européenne : avec, à l'extérieur, une stratégie de soutien à la vision atlantiste, et, à l'intérieur, une stratégie de polarisation islamiste.

Derrière le projet américain pour l'Europe, il y a le modèle américain. Ce modèle est établi sur deux principes : le libre-échangisme et la société multiculturelle. Cette vision du monde ne choque pas les Anglais qui n'ont pas notre conception de la citoyenneté. Mais elle entre en collision frontale avec le modèle français, jusqu'à présent fondé sur le refus de la « discrimination positive » et des alvéoles ethniques.

Or ce nouveau modèle européen à l'américaine, promu par la Commission européenne et encouragé par le Parlement européen, est aux antipodes des conceptions françaises.

On peut cependant observer que, déjà, il fait des ravages et menace de désintégrer la communauté nationale. Il y a, aujourd'hui, en France *500 cités interdites,* c'est-à-dire des banlieues barricadées où la police ne pénètre plus : nous avons aboli nos frontières extérieures et nous les avons reconstituées à l'intérieur.

La France glisse peu à peu dans un double communautarisme à l'américaine : d'abord, le *communautarisme de la société,* au sens d'une mosaïque de communautés qui nourrit un affrontement de droits-créances. C'est le sens de la loi sur l'homophobie qui consiste à mettre sous la protection du législateur une catégorie particulière. Ou encore le sens de la proposition du président de l'UMP de faire payer la construction de mosquées par les contribuables. Une nation est-elle vraiment une mosaïque de catégories particulières avec des lois particulières en fonction d'un jeu d'alvéoles, ethniques, sexuelles, etc. ?

Ensuite, la France glisse dans le *communautarisme d'Etat* : quand on demande au Conseil français du culte musulman, non plus seulement d'être un interlocuteur des pouvoirs publics – ce qui est déjà un acte lourd –, mais d'être un intermédiaire, une ambassade parallèle, c'est qu'on s'est résigné à installer au sommet de l'Etat le communautarisme d'Etat.

La communauté nationale ne peut pas être une simple juxtaposition, une sorte de damier, une addition de bantoustans. Elle transcende les communautés particulières. C'est ainsi qu'historiquement s'est épanouie, dans le monde, l'*idée française,* aux antipodes de l'*idée américaine.* Le multiculturalisme n'est pas dans la tradition de la France. Il prépare une libanisation, voire une tribalisation, fatales à la paix civile.

VII

UN RÉSERVOIR DE BOMBES À RETARDEMENT

« La Turquie dans l'Europe, c'est l'assurance d'une paix durable. »

Jacques Chirac

L'intégration de la Turquie dans l'Union européenne, c'est l'importation, chez nous, de contentieux et de conflits géopolitiques turcs à très haute tension. La Turquie est fâchée avec tous ses voisins. Elle amènera donc avec elle toutes ses querelles de voisinage. L'Europe, qui, déjà, peine à résoudre la question basque et la question irlandaise, se chargera ainsi de nouveaux problèmes inextricables, pour lesquels les Turcs nous demanderont d'épouser leur cause.

Les lignes de fracture sont multiples. Le feu couve partout. Parfois, c'est déjà la guerre. Lorsque la frontière de l'Europe sera celle de la Turquie, ces conflits deviendront les nôtres.

Un rapport de l'Assemblée nationale [1] s'en est ému récemment : « La Turquie est un carrefour stratégique qui placera l'Union européenne au plus près des zones de crises internationales et l'obligera à sortir de son confinement régional. Si Pessoa a décrit le Portu-

1. Rapport d'information « La Turquie et l'Union européenne », 2004.

gal comme un balcon sur l'infini, la Turquie offrira à l'Europe un balcon sur le plus grand nombre de crises déterminantes pour les équilibres de puissances au XXIe siècle. Sur quinze points chauds identifiés par l'OTAN comme menaçant la sécurité de l'Alliance atlantique, douze se trouvent dans les régions limitrophes de la Turquie : dans les Balkans, le Caucase, l'Asie centrale et au Moyen-Orient. »

Joseph Macé-Scaron résume ainsi la nouvelle situation : « L'axe mondial de l'épouvante s'est progressivement déplacé. Il va, aujourd'hui, des rives du Tigre et de l'Euphrate aux rivages de la mer Caspienne, plaçant de fait la Turquie dans l'œil du cyclone. Au moment de la guerre du Kosovo, on a pu noter combien l'Europe était impuissante à résoudre un conflit qui relevait pourtant de sa zone de compétence naturelle. En intégrant la Turquie, elle multipliera les risques d'instabilité dans son voisinage. Elle aura à surveiller, contrôler, juguler des menaces diverses et convergentes de pays aussi différents que l'Iran, la Syrie, sans oublier ceux de l'imbroglio caucasien et même l'Ouzbékistan. Toute limite est un appui. Et l'on voit mal les Européens fuir Pristina pour trouver la mort à Samarcande [1]. »

Sur cet axe de l'épouvante, se trouve le conflit avec les Kurdes ; c'est un des plus douloureux. Le Kurdistan turc est en état d'insurrection endémique depuis 1943. Les mauvaises relations entre Ankara et Damas s'expliquent notamment par le soutien

1. *Figaro Magazine*, 16 octobre 2004.

constant que la Syrie a apporté au parti kurde radical qui affronte l'armée turque. Une fois admise dans l'Europe, la Turquie se retrouvera confrontée à une pression forte pour la reconnaissance culturelle des Kurdes, et, à terme, l'octroi d'un statut d'autonomie politique.

Mais pourquoi, malgré tout, la Turquie ne craint-elle pas d'entrer dans l'Union ? En Turquie, les islamistes y sont favorables car ils sont confiants dans la force de l'islam et dans sa capacité à l'emporter sur tout autre système de pensée. Ils veulent en finir avec le jacobinisme laïcisant de la République turque, et la reconnaissance culturelle kurde leur fait moins peur qu'aux kémalistes puisqu'ils savent que les Kurdes sont musulmans sunnites comme eux. Ils raisonnent selon une logique de solidarité islamique.

Il faut donc bien comprendre que le caractère à la fois supranational et communautariste de la construction européenne est plus naturellement compatible avec la pensée d'un islamiste turc qu'avec celle d'un kémaliste, qui raisonne comme un jacobin. Par ailleurs, le parti islamiste turc est favorable à l'entrée dans l'Union, car celle-ci favorise le primat du pouvoir civil dans les institutions et donc le recul de l'armée, c'est-à-dire, parallèlement, le recul de la laïcité, puisque c'est l'armée, appelée là-bas « l'Etat profond », qui garantit le caractère laïc de la puissance publique. L'entrée de la Turquie dans l'Union serait « une aubaine pour les islamistes turcs qui ont toujours eu, au-dessus d'eux, l'épée de Damoclès des militaires [1] ».

---

1. Alexandre Del Valle, *La Turquie dans l'Europe*, Editions des Syrtes, 2003.

Au fond, les choses ne sont pas si complexes qu'elles en ont l'air. La clé est la suivante : beaucoup d'européistes sont favorables à l'entrée de la Turquie parce qu'ils veulent imposer à l'Europe le multiculturalisme. Mais le droit européen qu'ils ont conçu est antijacobin, traduisant leur volonté de détruire les Etats-nations. Or ce droit pourrait bien détruire le jacobinisme turc – la Turquie moderne de Mustafa Kemal – comme il a commencé à détruire l'unité française, au profit des damiers communautaires. Européistes et islamistes sont donc des alliés objectifs. D'où la complaisance des premiers pour les seconds et la concentration du feu des critiques européistes sur l'armée turque.

Imaginons donc une Turquie membre de l'Union, gouvernée, comme elle l'est aujourd'hui, par un parti islamiste. Soit le parti islamiste s'opposera aux demandes européennes sur les Kurdes, ce qui provoquera une crise majeure dans l'Union, avec la mise en jeu de sanctions, la mise au ban de la Turquie, etc. Soit le parti islamiste accédera progressivement aux demandes européennes : il cédera sur l'autonomie des Kurdes, mais compensera cette concession par le renforcement des liens du prosélytisme islamique avec les « frères kurdes ».

Une autonomie kurde en Turquie, ajoutée à celle qui existe déjà en Irak, provoquera alors une crise d'unité en Syrie et en Iran. D'autant plus sûrement que la Turquie se prétend investie d'une mission de protection de tous les Kurdes, y compris à l'extérieur de son territoire, en Irak notamment. C'est au nom de cette protection-répression que la Turquie a occupé illégalement le Kurdistan irakien à plusieurs reprises. Et l'Europe aura ainsi lentement dérivé vers le scénario de la refonte des frontières du Moyen-Orient, chère à l'Amérique.

Mécaniquement, l'autonomie des Kurdes de Turquie débouchera sur l'idée d'un grand Etat kurde réunifié qui remettra en cause l'unité de la Syrie – et, partant, celle du Liban –, de l'Irak, de l'Iran... au profit de petits Etats communautaires chiites, sunnites, alaouites, maronites, druzes... On en reviendra alors à la configuration de l'Empire ottoman. Finis les grands Etats arabes. Grande victoire pour les islamistes contre un monde et une Europe des Etats et des nations. Les européistes et les islamistes ont un point commun : ils veulent faire sauter les frontières et les Etats ; le supra-étatique permettant aux uns de piétiner les nations et aux autres de favoriser l'oumma.

Autre plaie purulente, la question de Chypre. L'Etat de Chypre est entré dans l'Union européenne avec une partie de son territoire sous occupation turque. Du fait que la Turquie était un allié des Etats-Unis durant la guerre froide, les résolutions de l'ONU, exigeant la décolonisation turque et le retrait des troupes turques, n'ont jamais été appliquées. Certes, si le plan de réunification de l'île avant son entrée dans l'Union, élaboré par l'ONU, n'a pu être mené à bien, c'est en raison du vote négatif grec lors de la ratification. Mais le processus qui est en cours aujourd'hui tend à donner un cadre juridique légal au fait accompli : la colonisation progressive de l'île chypriote par les Turcs et, à terme, son islamisation. Démographiquement, l'explosion est programmée, comme au Kosovo. Rappelons qu'au Kosovo, en 1900, il y avait 90 % de Serbes pour 10 % d'Albanais, et que, quatre-vingt-dix ans plus tard, la proportion était inversée : 90 % de musulmans pour 10 % d'orthodoxes.

L'Union européenne aurait dû exiger de la Turquie qu'elle décolonise Chypre comme préalable à sa propre intégration. Non seulement elle ne l'a pas fait, mais elle met en place les conditions de la turquisation de l'île grecque orthodoxe, dernier petit bout de Byzance.

Comment l'Europe peut-elle, à ce point, piétiner le droit international ? Comment a-t-elle pu accepter d'ouvrir des négociations avec un pays qui se permet, depuis trente ans, d'occuper militairement le territoire d'autrui et qui ne manifeste aucune intention de s'en retirer, quand il se trouve, au surplus, que ce territoire occupé est aujourd'hui celui de l'Union européenne puisque Chypre en fait désormais partie ?

Une Europe des souverainetés ne laisserait pas piétiner la souveraineté d'un Etat membre jusqu'au point d'interdire aux Chypriotes d'exercer leur droit d'établissement dans la partie nord de l'île, c'est-à-dire de les priver d'un des droits les plus fondamentaux de l'Union, et cela sur leur propre sol.

On peut poursuivre le voyage sur cet axe de l'épouvante en faisant une halte dans les deux archipels des Cyclades et des Sporades, égrenés en une centaine d'îles, dont deux appartiennent à la Turquie et les autres à la Grèce. Ce partage territorial résulte du traité de Lausanne de 1923, mais il est contesté par Ankara qui considère que sa circulation maritime est entravée par la souveraineté grecque. La Turquie soutient que les îles proches de l'Anatolie appartiennent au plateau continental asiatique et devraient donc lui être rattachées. Pour récupérer ces îles, la Turquie admet donc que son territoire est sur... le continent asiatique.

Et puis, partout, se pose le problème des minorités, des enclaves et des poches réfractaires. C'est ainsi que, si les minorités turques de Grèce et de Bulgarie – deux pays orthodoxes – sont devenues très fortes, en revanche, la minorité grecque de Turquie a quasiment disparu, sous la pression hostile du gouvernement d'Ankara. Toujours la fameuse réciprocité de traitement entre chrétiens et musulmans !

Il y a 150 000 Turcs en Grèce, en Thrace occidentale, mais il ne reste que 2 000 Grecs dans toute la Turquie !

Ces minorités turques de Grèce et de Bulgarie – plus de 300 000 habitants – qui préservent jalousement leur identité, rétives à toute assimilation, se dressent comme autant de défis à l'unité de la Bulgarie et de la Grèce.

Si elle devient membre de l'Union européenne, la Turquie ne manquera pas de prendre appui sur la conception communautariste du droit européen pour obtenir des droits politiques au profit de ces minorités afin de les transformer en de véritables leviers d'influence dans les Balkans, c'est-à-dire dans des territoires qui furent historiquement sous domination ottomane. Dans cette région du monde, comme dans le Caucase et l'Asie centrale, panturquisme et droit européen feront bon ménage, au détriment de la cohésion des nations grecque et bulgare. Là comme ailleurs, le droit européen, combiné à la géopolitique turque, constituera la plus formidable machine à détruire la cohésion des nations européennes et de la Russie.

La Turquie dans l'Europe va charrier avec elle toutes les occasions que la géographie et l'histoire lui ont données d'entrer en conflit avec ses voisins. Il n'y a pas un centimètre carré de terre qui ne fasse problème. Pas même un mètre cube d'eau qui ne provoque une dispute interminable et une confrontation durable.

Partout où ils passent, les Turcs mettent le feu au lac. C'est ainsi qu'ils entretiennent la fameuse « guerre de l'eau ». Etat en amont du Tigre et de l'Euphrate, la Turquie retient une partie importante du débit de ces fleuves au détriment des Etats situés en aval, la Syrie puis l'Irak. Sait-on que le débit du Tigre, en Irak, n'est que le huitième de ce qu'il devrait être, à cause des retenues opérées par la Turquie en amont ? La Turquie a pratiquement asséché les deux grands fleuves mésopotamiens et l'Irak ne le tolérera pas longtemps. Cette retenue d'eau fait suite au développement de gigantesques chantiers hydrauliques en Anatolie, qui soutiennent le projet de développement hydroélectrique et agricole du pays, et notamment des provinces kurdes. Ce contentieux a entraîné des tensions avec la Syrie à de nombreuses reprises.

Une fois de plus, sur ce sujet comme sur les autres, une solidarité européenne avec une Turquie pays membre nous entraînerait sur la pente de tensions violentes avec les pays arabes concernés.

Veut-on épouser les querelles turques dans le Caucase ? Il suffit de prendre part au différend de la Turquie et de la Géorgie qui ne manquerait pas d'impliquer l'Union européenne. Au traité de Karst de 1921, les Russes ont cédé le sud de la Géorgie aux Turcs, qui, aujourd'hui, entretiennent et financent le séparatisme des Adjars, lesquels sont des musulmans dans un pays, la Géorgie, qui est lui-même orthodoxe. Immédiatement frontalière avec l'Union, la région d'Adjarie est en rébellion permanente contre le pouvoir central géorgien.

Si la brouille avec la Géorgie ne suffit pas à l'activisme des Commissaires boutefeux, il y a d'autres brandons disponibles. Il suffit de faire quelques kilomètres de plus pour retrouver une tectonique des plaques bien chargée d'ondes telluriques : c'est la ligne de fracture entre l'Arménie et l'Azerbaïdjan. La Turquie soutient les Azéris turcophones contre les Arméniens. La Turquie dans l'Union se fera l'avocate de la cause azérie, afin d'isoler un peu plus les Arméniens, déjà très enclavés. L'Arménie est proche de Moscou. Là encore, s'ajoutera un facteur de mésentente entre la Russie et la Turquie. Et là encore, on devine pourquoi les Etats-Unis trouvent de l'intérêt à pousser la Turquie dans l'Union.

L'Europe est prise d'un accès de folie. Elle renie ses pères, ses origines, ses principes, ses amis. Elle renie l'Arménie. Et c'est un crime contre la mémoire. Elle fait mourir pour la deuxième fois un peuple anéanti et qui en appelle, depuis un siècle, à la conscience universelle. Le drame arménien me rappelle un mot de Chateaubriand : « La terreur ne consiste pas à tuer les innocents comme coupables mais à les tuer comme innocents. » C'est, hélas, le sort que la soldatesque turque a réservé aux Arméniens, lors du génocide de 1915. Il s'agissait, pour la Turquie, de rayer de la carte du monde une « anomalie ». Et c'est pourquoi, aujourd'hui, l'Arménie figure sur la carte métaphysique du monde de la souffrance indicible.

Au IVe siècle de notre ère, après avoir torturé et massacré des milliers d'hommes et de femmes de tous âges, Dioclétien, empereur romain, fit dresser deux colonnes de marbre où l'on pouvait lire « *Nomine christianorum deleto* », ce qui voulait dire « J'ai fait disparaître le nom même de chrétiens ». Semblable formule s'est plusieurs fois retrouvée en diverses circonstances de l'histoire. Ainsi, en 1915, dans la bouche du docteur Nazim Bay, lors d'une réunion secrète du parti Jeunes Turcs, à laquelle assistaient les principaux dignitaires de l'équipe au pouvoir à Constantinople : « Dans notre patrimoine national, déclara-t-il, il ne peut être admis que ce qui est turc ; tel est le mot d'ordre de notre révolution. Il faut donc extirper la nation arménienne tout entière et ne pas laisser un seul Arménien sur notre sol. L'occasion de la guerre mondiale est trop belle : nous n'avons pas à prendre en considération les cris et les protestations de la presse mondiale. Avant qu'elle n'ait eu le temps d'esquisser un seul mouvement, le fait sera accompli et l'affaire sera close. Cette fois, l'extermination sera totale et il n'y aura plus un survivant arménien. Il faut que le nom même d'Arménie soit oublié. »

Les faits du génocide arménien sont connus depuis longtemps. Ils ont été établis notamment par les diplomates en poste à Constantinople, entre autres par ceux du IIe Reich allemand, alors allié de la Turquie. Chacun souligna avec quel esprit de méthode fut mis en œuvre le génocide voté en février 1915 par le gouvernement turc, un gouvernement laïc et parlementaire. La *Revue des Deux Mondes* du 1er février 1916 fit la relation suivante des événements : « Ce qui frappe dans tous les récits, c'est l'organisation régulière et systématique des massacres. L'opération commence par un ordre du gouvernement affiché dans les villages ; les instructions arrivent de Constantinople jusqu'aux exécutants-exécuteurs. Tout se passe avec un ordre incroyable. On ne tue pas dans les villes pour éviter l'infection. Les caravanes sont réunies au jour et à l'heure prescrits. Les Kurdes et les brigands sont prévenus et se trouvent aux rendez-vous prévus par les gendarmes qui rabattent le gibier. Les musulmans émigrés de Bosnie et de Macédoine sont établis colons dans les maisons des Arméniens. Le partage des femmes et des enfants s'accomplit avec ordre après la visite sanitaire des médecins turcs. Les enfants survivants sont recueillis dans les orphelinats musulmans. Il est défendu aux chrétiens de s'occuper d'eux. »

Un correspondant de guerre français, Henry Barby, a aussitôt écrit sur ce génocide des pages bouleversantes : « A force de tuer, d'égorger, d'éventrer et de violer, les Turcs et les Kurdes furent bientôt blasés. Ils s'ingénièrent alors à inventer d'incroyables cruautés pour torturer l'âme de leurs victimes, avant de torturer leurs corps. Et les scènes effroyables se multiplièrent : devant les mères qu'ils alignent et contraignent à regarder, ils éventrent les enfants, qu'ils accrochent ensuite au mur, en grappes sanglantes, comme un étal de boucher, puis, sous le fouet, ils obligent les pauvres femmes, hurlant d'épouvante et de douleur, à s'éloigner, tandis que les petits corps, palpitants encore, restent abandonnés aux vautours. »

Ce que l'ambassadeur des Etats-Unis à Constantinople, Henry Morgenthau, avait qualifié en 1916, dans une dépêche à Washington, de « plus terrible drame de l'histoire universelle », a, depuis lors, été confirmé par d'innombrables témoignages. Et pourtant, il fut toujours nié par tous les gouvernements turcs qui se sont succédé. A bien des égards, ces dénégations peuvent paraître étonnantes : l'Allemagne a reconnu, quant à elle, le génocide juif et a même activement coopéré à la recherche de la vérité, aussi douloureuse soit-elle pour elle et pour le monde. Comment expliquer qu'aucun gouvernement turc n'ait accepté semblable reconnaissance ?

A l'affront de l'injustice, de la mémoire violée, le Parlement turc vient d'ajouter l'infamie, en votant un nouvel article du Code pénal, l'article 325, qui punit de dix ans de prison quiconque se livre à des « menées antinationales ». Et parmi ces « menées », la nouvelle peine s'applique, au premier chef, à quiconque « évoquerait le génocide arménien ». La France se déshonorerait si elle abandonnait l'Arménie. L'Europe d'Antigone, réclamant le droit d'enterrer son frère, se révolte en son for intime. Nous sommes tous des Arméniens.

VIII

LE GRAND FOSSÉ DU BOSPHORE

« L'Europe n'a plus de frontières. Elle a des critères. »

Monsieur Jourdain

En juin 1993, le Conseil européen de Copenhague a défini les trois critères d'adhésion à l'Union européenne, exigés de tout pays candidat : critères politiques, économiques et de capacité à intégrer l'acquis communautaire. L'adhésion requiert de la part du pays candidat qu'il ait des institutions stables garantissant la démocratie, qu'il veille à la primauté du droit, qu'il garantisse le respect des minorités, qu'il impose les lois du marché, la transparence et la concurrence sincère.

Nous sommes loin de tout cela pour la Turquie. Ce qui sépare la Turquie de l'Europe, au regard de ces critères, du reste formels et superficiels, ce n'est pas une différence de *degré* mais une différence de *nature*.

J'ai été impressionné par un livre écrit par un expert du sérail, détaché pendant trois ans à la Commission européenne, Sylvie Goulard[1]. Sa conclusion est sans appel : « L'Union européenne d'aujourd'hui et même celle de demain, telle que

1. *Le Grand Turc et la République de Venise*, Fayard, 2004.

le traité constitutionnel la dessine, n'est pas en état d'accueillir un Etat aussi peuplé, aussi différent de nous que la Turquie. Prétendre le contraire revient à travestir la réalité. » Elle s'interroge sur les estimations financières des écluses nécessaires : « Avec un produit intérieur brut équivalent inférieur de 30 % à la moyenne communautaire, la Turquie a des besoins de financement d'infrastructures et une marge de rattrapage considérables. » Et elle conclut : « L'admission d'un Etat immense, qui serait à la fois premier demandeur de fonds et décideur de premier rang, risquerait de faire sauter la banque. Ainsi, l'élargissement de la Turquie est un projet déraisonnable. » Selon une étude récente réalisée par l'Osteuropa Institut de Munich, le coût de l'adhésion de la Turquie s'élèverait à 14 milliards d'euros annuels, sans aucun rapport d'échelle avec l'élargissement aux pays de l'Europe centrale et orientale. En réalité, nous sommes devant un fossé abyssal. Un fossé qui sépare les sociétés, les niveaux de développement et les modes de vie.

Les mœurs, les traditions, les coutumes ancestrales de la Turquie appartiennent à un autre monde, un monde d'ailleurs très rude où les droits de la personne humaine ne répondent à aucun des canons de la civilisation européenne. Récemment, le Parlement européen a eu à connaître d'un rapport accablant, qui montre que les choses ne changent pas en profondeur et que la société turque reste très éloignée des conceptions occidentales [1].

Le Parlement européen met gravement en cause

1. Rapport Oostlander, 19 mars 2004, Annexe 3 (extraits).

la conception de l'école en Turquie, qui développe une pédagogie belliciste ; il condamne « l'utilisation de l'histoire comme moyen d'inculquer à la jeunesse des sentiments de haine raciale ». Par ailleurs, le rapport « constate que la torture et les mauvais traitements ont toujours cours ».

Un autre rapport, encore plus récent[1], ose formuler la question taboue : « La torture est-elle aujourd'hui systématique et répandue ? » Il cite le chiffre de 8 835 plaintes de victimes de tortures, depuis 1990, avec ces précisions significatives : « Alors que les demandes se situaient entre 700 et 900, elles se sont élevées en 2003 à 925. Pour les huit premiers mois de 2004, l'association a déjà enregistré 597 demandes dont 297 concernent des tortures pratiquées en 2004, les autres avant 2004. L'association n'observe pas de diminution en 2003-2004, et conclut que la réalité est beaucoup plus importante que ne l'indiquent ces demandes. Deux syndicalistes sont morts sous la torture, il y a quatre ans, et deux personnes en sont mortes en 2003. »

Les parlementaires européens qui sont allés enquêter en Turquie avec M. Arie Oostlander « constatent avec inquiétude que la violence domestique ainsi que d'autres formes de violence à l'égard des femmes demeurent largement répandues ».

La Commission européenne elle-même en paraît accablée. Dans son rapport annuel[2] pour l'année 2003, elle se surprend à écrire ces lignes : « Plus de la moitié de la population féminine subit des formes

1. Rapport d'information, Délégation de l'Assemblée nationale pour l'Union européenne, 5 octobre 2004.

2. Rapport de la Commission européenne, automne 2003.

de violence physique et psychologique dans l'environnement familial. » Faites vous-mêmes le calcul : sur 68 millions d'habitants, dont 34 millions de femmes, il y aurait donc 17 millions de femmes battues en Turquie, en 2004. Selon une autre source, 50 % des femmes subissent un mariage forcé [1].

Le 16 mai dernier, une jeune fille de 14 ans, Nura Halitogullari, a été tuée par son père pour avoir été déshonorée par un homme. Le Parlement européen vient de réclamer « l'abandon du système prévoyant des peines réduites pour les crimes d'honneur, commis pour des raisons liées à une coutume ». A Ankara, on s'offusque de voir l'Union exiger de la Turquie qu'elle impose dorénavant une sanction pénale aux membres de la famille de la jeune fille qui se rendent coupables de son assassinat « après décision du conseil des familles, pour laver leur honneur des faits dont elle a été victime [2] ». Quarante crimes d'honneur ont ainsi été officiellement recensés par les enquêteurs en 2003 ! La Cour européenne des droits de l'homme, submergée de plaintes en provenance de Turquie, multiplie les condamnations de la justice pénale turque [3].

On sent bien qu'entre la Turquie et l'Europe, il n'y a rien de commun : la conception de la liberté, le rôle de l'armée – qui s'occupe d'industrie automobile aussi bien que d'enseignement universitaire –, le statut des minorités et naturellement la définition même de la *laïcité*.

---

1. *Amnesty International*, Rapport du 2 juin 2004.
2. Rapport d'information, Délégation de l'Assemblée nationale pour l'Union européenne, 5 octobre 2004.
3. Gilles Gaetner in *L'Express*, 18 octobre 2004.

Qu'est-ce donc que la *laïcité à la turque* ? On a coutume d'entendre dire que la Turquie et la France seraient deux « Etats laïques ». C'est complètement fantaisiste, car le terme « laïque » n'a pas le même sens dans les deux pays. Pour les Français, il s'agit avant tout de la neutralité des pouvoirs publics à l'égard des religions. Pour les Turcs, il en va tout autrement ; et le Parlement européen, qui n'est pas suspect de turcophobie, l'a rappelé encore récemment. Il vient d'adresser à Ankara un appel solennel « pour mettre fin immédiatement à toutes les discriminations et difficultés faites aux minorités religieuses, notamment sur le plan du droit de propriété, du statut juridique et de l'interdiction de la formation des religieux ». Et le Parlement de s'élever contre la menace de sévices à l'encontre de l'orphelinat orthodoxe grec de Priggipos et de « réitérer sa demande de réouverture du séminaire de Halki, fermé sans explication par les autorités turques ».

Si la Turquie kémaliste était vraiment laïque, pourquoi continuerait-elle à nier les actes de génocide et pourquoi continuerait-elle à persécuter les autres religions ? Car il y a un *double négationnisme turc.*

– Le premier concerne le passé : le négationnisme quant au génocide des Arméniens. Notons seulement qu'en France, nous avons un arsenal juridique contre ceux qui nient le génocide juif ; en Turquie, c'est l'inverse : il y a donc un arsenal répressif pour ceux qui osent affirmer la réalité de ce génocide.

– Le second négationnisme reste méconnu, alors même qu'il concerne le présent : il consiste à nier la persécution des chrétiens assyriens[1] qui se déroule en ce moment, dans le silence de l'Occident. Il s'agit pourtant d'un problème d'actualité immédiate : l'éradication progressive du christianisme en Turquie.

Lors de la 55e session de l'Assemblée générale de l'ONU, la question de la liberté religieuse en Turquie fut mise à l'ordre du jour. Un rapport retentissant fut présenté, le 25 octobre 2000[2]. Ce rapport analyse la situation des 25 000 chrétiens d'Orient (assyro-chaldéens) qui restent encore en Turquie. Le cadre juridique et le respect effectif ou non de la liberté de religion et de conviction, du principe de non-discrimination fondé sur la religion et la conviction sont minutieusement analysés. Voici les conclusions navrantes de cette enquête implacable :

– Les autorités turques empêchent les rénovations d'églises et de monastères de la région (le Sud-Est) où résident les derniers chrétiens.

– Les autorités turques confisquent fréquemment ces lieux de culte et les transforment en mosquées. Le prétexte officiel consiste à dire que les bâtiments sont peu utilisés.

– À Istanbul, les syriaques n'ont accès qu'à une seule église, alors que la ville est devenue leur principal lieu d'émigration, car ils fuient les persécutions perpétrées à la campagne.

– Les syriaques se voient interdire l'ouverture de leurs propres établissements d'enseignement ; ils n'ont pas le droit de créer des œuvres sociales et

1. Sébastien de Courtois, *Le Génocide oublié. Chrétiens d'Orient, les derniers araméens*, Ellipses, 2002.

2. Rapport d'Abdelfattah Amor, A/55/280/Add1.

charitables. De ce fait, ces établissements ne peuvent survivre puisqu'ils ne peuvent bénéficier de la charité islamique.

Et le rapport de citer cet exemple d'interdiction émanant d'une autorité municipale : « En 1998, à Mardin, le maire a interdit l'enseignement religieux syriaque. »

Par une application scrupuleuse de la devise du nationalisme kémaliste : « Une nation, une race, une culture », la spécificité religieuse et culturelle syriaque, à travers la langue araméenne, est purement et simplement niée, interdite.

– L'Etat turc ne poursuit pas les auteurs d'agressions et de persécutions physiques à l'encontre des citoyens turcs assyro-chaldéens.

A la lecture du rapport de l'ONU, il apparaît clairement que l'Etat turc mène insidieusement et parfois ouvertement une politique d'éradication lente de la culture chrétienne, soit par la contrainte de la conversion à l'islam et la turquisation culturelle, soit par la voie de l'émigration forcée. Nous sommes, en réalité, devant deux phénomènes historiques de grande ampleur :

– d'un côté, la disparition progressive du christianisme en Turquie et, plus largement, l'*islamisation totale* de l'ex-Empire ottoman ;

– de l'autre, l'*islamisation progressive* des territoires d'Europe de l'Ouest par l'immigration africaine, turque et indo-pakistanaise.

Où sont donc passés les fameux « critères de Copenhague » dont le respect scrupuleux ouvre les portes de l'Union européenne ? Dans tous les domaines, on constate une béance qui sépare les cultures, les visions du monde et, naturellement, les structures économiques.

La fusion des économies de l'Europe et de la Turquie se traduira par trois déséquilibres aux conséquences imprévisibles : d'abord le déséquilibre des règles de la concurrence. En effet, la Turquie vit d'une économie souterraine mafieuse et non mafieuse, qui représente plus de 50 % de son PIB. L'Assemblée nationale s'en est alarmée, il y a quelques semaines : « Une économie souterraine d'une telle ampleur est naturellement incompatible avec l'intégration au marché unique, l'application des politiques communes agricole et régionale et l'ampleur des transferts financiers communautaires à prévoir en faveur de l'un des pays en principe les plus pauvres de l'Union. L'économie souterraine fausserait les conditions de la concurrence sur le marché unique, en particulier les conditions fiscales et sociales et le respect des normes. Plus de 40 % des forces de travail sont sans sécurité sociale ni protection contre les accidents du travail. Les salaires réels du secteur informel sont en général très inférieurs au salaire minimum légal appliqué dans le secteur officiel. La pression contre la syndicalisation des salariés est très forte et la Turquie ne s'est pas encore mise en conformité avec l'Organisation mondiale du travail pour les libertés syndicales fondamentales[1]. »

L'économie de la contrefaçon prospère sur ce ter-

1. Assemblée nationale, Rapport d'information n° 1834.

reau et produit de véritables chefs-d'œuvre de faussaires. Un sac à main Hermès coûte dix fois moins cher, avec livraison immédiate. Les effets de cette économie parallèle si puissante sur les industries françaises du textile et du luxe ont conduit les grandes entreprises de prestige à passer des accords avec des contrefacteurs pour en faire des concessionnaires de leurs marques sur les marchés d'exportation proches de la Turquie. Un disque vendu 12 euros en Europe occidentale vaut 1 euro sur n'importe quel marché turc. Ces pratiques organisées à grande échelle par des groupes mafieux qui contrôlent l'économie turque sont tolérées par les pouvoirs publics, les produits de contrefaçon étant en vente libre. Elles sont facilitées par une corruption généralisée, qui touche la police, les douanes et une partie de l'administration.

Le deuxième déséquilibre met en péril la stabilité sociale de la société turque. En effet, les statistiques de la Commission européenne indiquent que, dans aucun autre pays parmi les vingt-sept Etats qui feront partie de l'Union à partir de 2007, le secteur agricole n'a autant de poids qu'en Turquie. Ceci vaut tant pour le nombre absolu de personnes employées dans l'agriculture, c'est-à-dire plus de 10 millions d'actifs, que pour la part de la main-d'œuvre du pays employée dans le secteur agricole, qui représente 46 % de la population active. De même, la part du PNB provenant de l'agriculture est bien plus importante que la moyenne européenne.

Là encore, le cri d'alarme de l'Assemblée nationale mériterait d'être entendu : « L'exode rural représentera un défi majeur pour une agriculture turque très contrastée. Son secteur laitier est compétitif, mais ses 10 millions d'agriculteurs bénéficient de protections internes qui ne les ont pas préparés au choc concurrentiel d'un accès au marché unique. La majorité des exploitations ont quatre à cinq hectares et cinq à dix vaches ; 13 millions de vaches turques produisent les mêmes quantités que 8 millions de vaches françaises. La mise aux normes de productivité et de qualité européennes provoquera un bouleversement de l'équilibre social turc. »

Le troisième déséquilibre résultera de la double transhumance qui se prépare. En effet, il y a, entre les niveaux de développement des économies respectives, un double différentiel qui va jouer comme une tenaille géante : d'abord un différentiel des coûts de main-d'œuvre qui poussera aux délocalisations de nos usines ; ensuite un différentiel des niveaux de vie qui poussera à la migration des Turcs déracinés des campagnes, attirés, à la suite d'une longue errance depuis le plateau anatolien, par l'éden européen.

Nous sommes donc à la veille d'un double phénomène d'aspiration qui prendra la forme d'un chassé-croisé aux allures sismiques : dans le sens nord-sud, une vague de déménagements massifs d'entreprises et, dans le sens sud-nord, une vague d'immigration massive.

Personne ne peut aujourd'hui chiffrer le coût de ce charivari. L'Europe pourra, certes, se flatter d'avoir intégré le premier débiteur mondial du FMI, un Etat atypique dont le poids de la dette est égal au budget de l'Etat. Mais la vraie question est la suivante : qui va payer tout cela ? A-t-on imaginé ce que serait l'explosion des fonds structurels, des aides régionales ? Osera-t-on ouvrir le débat du financement de l'addition, pour que les contribuables français puissent enfin mesurer ce que coûte un caprice de Mamamouchi ?

IX

LA POUDRIÈRE TURQUE

« La Turquie fait d'énormes efforts pour aller vers l'Europe. »

R. T. Erdogan

La Turquie est une zone de grande insécurité. Derrière la façade de la modernité apparente des grandes villes – Ankara, Istanbul –, le pays est miné par des tensions profondes liées à l'islamisation des nouvelles générations, à sa situation de carrefour du terrorisme, à sa frontière incontrôlable et au poids croissant de la criminalité organisée. La Turquie fait peser sur l'Europe trois risques majeurs.

D'abord le *risque terroriste* : la Turquie est une plaque tournante, un lieu de passage pour le terrorisme international et aussi un creuset pour la formation de réseaux turcs, à partir du terreau de l'islamisation. Le Parti de la justice et du développement (AKP) qui a pris le pouvoir, à la suite des élections du 22 novembre 2002, avec 34 % des suffrages, a établi sa victoire sur la base d'un programme exclusivement destiné à remettre en cause l'héritage laïque de Mustafa Kemal Atatürk. L'autorisation du voile islamique dans les universités et les bâtiments publics était au cœur du projet politique de M. Erdogan. Le programme de l'AKP visant à autoriser le voile islamique dans les universités et bâtiments publics a donc été approuvé, en 2002, par 34 % de la population turque. Le gouvernement ne l'a pas appliqué en raison du risque d'une intervention de l'armée, gardienne sourcilleuse de l'héritage d'Atatürk ; l'AKP est aujourd'hui violemment critiqué par son électorat pour avoir trahi ses engagements.

En réalité, la société turque est profondément cloisonnée. Les classes aisées, formées à l'université, ayant élu domicile dans les quartiers bourgeois des grandes villes, continuent à se vêtir à l'occidentale et à défendre le principe de la laïcité. En revanche, dans les quartiers populaires, même à Istanbul et Ankara, dans les banlieues et dans les zones rurales, où vit 80 % de la population, le port du voile islamique tend à se généraliser. La question de l'autorisation du voile à l'université et dans les bâtiments publics reste aujourd'hui un enjeu politique et symbolique crucial en Turquie. L'armée est le principal rempart contre ce projet auquel l'AKP n'a pas renoncé. Toutefois, alors qu'il existait jusqu'à présent un filtre rigoureux pour empêcher l'accès des islamistes aux carrières militaires, ces garanties sont en voie d'être supprimées et la montée de l'islamisme n'épargne plus les forces armées, surtout aux niveaux hiérarchiques les moins élevés ; les femmes de soldats et de sous-officiers sont fréquemment voilées. Cette situation favorise un bouillon de culture propice à tous les germes de violence.

Par ailleurs, La Turquie est le seul pays au monde où convergent les *trois grandes formes de terrorisme :* le terrorisme islamiste, le terrorisme d'extrême gauche et le terrorisme indépendantiste, d'origine kurde.

Le *terrorisme islamiste* se développe en Turquie au rythme de son islamisation rampante, dans les faubourgs, les quartiers et les bidonvilles des grandes cités urbaines issues d'un exode rural accéléré. Les attentats d'Istanbul du 15 et du 20 novembre 2003 – 52 morts, 750 blessés –, revendiqués par Al-Qaida, ont été commis par de jeunes militants islamistes turcs. La plupart de ces jeunes terroristes étaient membres du mouvement islamiste turc, le Front islamiste de la conquête du grand Orient, qui prône une islamisation de la Turquie par la violence et qui, aujourd'hui, développe une relation étroite avec les réseaux de Ben Laden. Ce mouvement, minoritaire, mais qui bénéficie d'une sympathie croissante dans certains milieux déshérités, a commis de nombreux attentats en Turquie ces dernières années, notamment l'assassinat d'une journaliste de télévision voilée mais favorable à la réforme de l'islam, Mme Gonca Kuris, en 2002. Les polices européennes, entre autres celle de la République fédérale d'Allemagne, où sont installés 2 millions de Turcs, redoutent l'implantation de cette mouvance en Europe occidentale qui compterait déjà plus de 500 sympathisants en Allemagne.

D'autres mouvements terroristes islamistes, qui en appellent aujourd'hui au rejet de l'occidentalisation et à une application systématique de la charia, ont désormais pignon sur rue en Turquie – le Hezbollah, le Mouvement islamique, le Parti de la libération –, sans que leur poids et leur influence soient réellement connus.

Ces groupes islamistes violents appartiennent, de par leur origine, à la même mouvance que le parti islamiste de M. Erdogan, dont ils se sont séparés parce qu'ils estimaient celui-ci trop modéré. Certains responsables militaires ou policiers dénoncent en privé une complicité souterraine, une vraie connivence entre le pouvoir « islamiste modéré », qui jouerait un double jeu, et ces mouvements, en particulier le Front islamiste de la conquête du grand Orient.

Pour ce qui concerne le *terrorisme d'extrême gauche*, un puissant mouvement marxiste-léniniste subsiste en Turquie, qui a prospéré dans une société très inégalitaire, où les poches de pauvreté extrême restent nombreuses. Il est particulièrement présent dans la partie occidentale de la Turquie, autour d'Istanbul. Le principal mouvement s'appelle le Parti de la libération du peuple. Ce groupe est l'auteur de multiples actes terroristes, dont quatre attentats simultanés, le 28 septembre, à Ankara, à Istanbul et dans deux autres villes ; il sème la mort la plupart du temps en toute impunité.

Enfin, il y a, bien sûr, le *terrorisme kurde*. Le Kongra-Gel constitue une véritable milice paramilitaire qui commet des attentats au quotidien, le plus souvent contre des cibles militaires, dans toute la région qui touche à la frontière orientale de la Turquie. Il disposerait au moins, selon les responsables turcs, de 5 000 militants armés – pour 15 millions de Kurdes en Turquie. Après l'arrestation d'Abdullah Öcalan, le mouvement s'est scindé. Son frère Osman, accusé de « modération », en a été écarté et une fraction radicale a pris les commandes du mouvement. En juin 2004, le Kongra-Gel a mis fin à une trêve autoproclamée, et les attentats et accrochages ont repris, provoquant tous les jours des pertes dans l'armée turque et dans la population.

Ces trois types de mouvements terroristes, islamiste, kurde, marxiste-léniniste, ont des relations entre eux et, au-delà, avec les réseaux de la mouvance Al-Qaida ; ils n'hésitent pas à s'entendre sur des objectifs ponctuels visant à déstabiliser l'Etat turc. Voilà pour le premier risque, le risque terroriste.

Le deuxième risque qui pèse, à partir de la Turquie, sur l'Europe, est le *risque migratoire*. Les rapports confidentiels de la police de l'air et des frontières turque, transmis au gouvernement turc (qui d'ailleurs refuse de les publier), sont inquiétants[1].

La frontière turque se présente aujourd'hui comme absolument incontrôlable. Elle s'étend sur près de 10 000 kilomètres. 7 000 kilomètres de côtes sont dépourvus de toute surveillance : tout navire peut y embarquer ou y débarquer, en profitant d'innombrables îlots où on peut accoster en toute tranquillité. Environ 1 000 kilomètres de haute montagne couvrent les frontières avec l'Iran et l'Irak : ce sont des territoires qui sont hors du contrôle du gouvernement, en proie à la guérilla avec le Kongra-Gel, où aucun filtre sérieux et organisé des entrées et sorties n'est envisageable. La frontière Est de la Turquie est en réalité une zone de guerre et le sera de plus en plus dans l'avenir.

1. Cf. Annexe 4.

Certains points de passage frontaliers, dans des zones d'accès difficile, sont sous la haute main du Kongra-Gel et non du gouvernement turc. D'ailleurs, le Kongra-Gel est lié aux réseaux de passeurs. Le mouvement se finance en partie grâce aux « prélèvements » qu'il opère à chaque passage de migrants clandestins ou trafiquants de drogue.

L'aggravation de la guerre d'Irak constitue un sujet de préoccupation intense pour le gouvernement turc. Elle accroît l'instabilité de la zone frontalière et renforce le chaos qui y règne. En cas d'explosion de l'Irak, le jour où les Américains vont s'en retirer, les Turcs estiment que la guerre sera inévitable dans la mesure où les Kurdes vont essayer de prendre leur indépendance.

Dès lors, les flux d'immigration illégale qui transitent par la Turquie sont considérables, en provenance du Pakistan, d'Afghanistan, d'Iran, d'Irak, voire du Maghreb et d'Afrique noire. Les autorités turques reconnaissent avoir arrêté 500 000 migrants clandestins en cinq ans. Il est vraisemblable (selon les ratios habituellement appliqués pour ce genre de statistiques) que le nombre des clandestins interpellés représente moins de 20 % de ceux qui passent vraiment. Le nombre réel des migrants qui auraient transité illégalement par la Turquie pourrait être de 2 à 3 millions depuis 2000.

La Turquie constitue ainsi la principale source d'entrée des migrants clandestins et des demandeurs d'asile en Europe occidentale. Un rapport confidentiel a été remis récemment au ministre de l'Intérieur : « Un million de migrants en situation irrégulière, de nombreuses nationalités, attendent en Turquie et notamment à Istanbul dans l'espoir de passer en Europe occidentale. Les passeurs utilisent une technique bien rodée. Les candidats à la migration sont acheminés par minibus depuis leur village d'origine jusqu'à Istanbul où ils sont cachés le temps nécessaire. Les trafiquants procèdent à l'acquisition d'un bateau désaffecté, pour un montant dérisoire. Leurs clients sont ensuite acheminés sur un point de la côte et embarqués à l'abri des regards, ou sous l'œil bienveillant de policiers corrompus. Une fois lancé vers une côte européenne, le navire est très difficile à repérer et à intercepter. Ainsi, lorsque les autorités italiennes ont voulu arraisonner le *Monica*, le 18 mars 2002, avec, à son bord, un millier de Kurdes, les passeurs embarqués ont menacé de jeter les enfants à la mer, obligeant ainsi les garde-côtes à le laisser accoster en Italie. En un an, de mars 2001 à mars 2002, plus de 570 embarcations ont ainsi franchi la Méditerranée, acheminant 23 000 clandestins sur les côtes grecque et italienne. Ce trafic, au départ de la Turquie, mais aussi, de plus en plus, du Liban, est extrêmement rémunérateur. Ainsi, le *Monica* a été acheté pour une bouchée de pain : 14 000 euros. En revanche, chacun des mille passagers clandestins a dû s'acquitter de la somme de 3 000 euros. Cette opération a rapporté quasiment 3 millions d'euros à son organisateur, un chef de clan syrien qui a dirigé les opérations depuis le café dont il est propriétaire[1]... » A la réception de ce rapport et au vu des chiffres évoqués, le ministre de l'Intérieur a immédiatement alerté l'Elysée. Sans

1. Rapport remis en janvier 2004 à Nicolas Sarkozy.

doute ce rapport aura-t-il trouvé asile sur une étagère... pour les historiens.

Le troisième risque est le *risque criminel*. La Turquie est la principale plaque tournante du trafic de drogue dure vers l'Europe. Selon le rapport annuel du Département d'Etat américain, 75 % de l'héroïne à destination de l'Europe transite par le territoire turc ou est transformée en Turquie, qui occupe une position centrale que les spécialistes appellent « la route des Balkans[1] ». La drogue provient essentiellement d'Afghanistan où elle est produite, puis elle voyage en Iran, traverse la Turquie, avant d'être livrée en Europe. Les saisies de drogue sont en forte hausse en Turquie : en 2003, 4,7 tonnes d'héroïne – ce qui est considérable –, 1 tonne de morphine, 7,8 tonnes de haschisch ont été saisies par la police turque ; ces prises sont en forte augmentation chaque année, surtout pour l'héroïne. On estime que les saisies représentent moins de 10 % des quantités qui transitent par la Turquie.

Selon un rapport confidentiel remis par la police turque à son gouvernement[2], on assiste à l'émergence d'un *narcoterrorisme* planétaire : l'argent de la drogue sert en partie au financement des groupes terroristes islamistes, marxistes-léninistes, kurdes. La drogue représente ainsi l'une des ressources essentielles du Kongra-Gel qui tient militairement les voies de passage de la drogue et, bien entendu, taxe

1. International Narcotic Control Strategy Report.
2. Cf. Rapport 2003 de la police turque sur le trafic de stupéfiants et le narcoterrorisme, Annexe 5.

lourdement les trafiquants eux-mêmes. Des terroristes récemment interpellés étaient porteurs de grosses quantités d'argent et de stupéfiants.

La Turquie se présente ainsi comme le point de rendez-vous eurasiatique du terrorisme et des trafics mafieux, de la drogue et des filières d'immigration clandestine.

On comprend pourquoi les Verts européens, partisans de la dépénalisation des drogues, sont si favorables à l'entrée de la Turquie quand on connaît son rôle de pivot mondial dans la géopolitique des drogues. Aujourd'hui, le Croissant d'Or – composé de l'Afghanistan, de l'Iran, du Pakistan – est devenu le premier producteur mondial de drogue, avec l'opium, l'héroïne, le cannabis, devant le Triangle d'Or – composé de la Thaïlande, de la Birmanie, etc.

Quel est, entre ces deux pôles de trafic, le rôle de la Turquie ? C'est le principal laboratoire de transformation des drogues produites par le Croissant d'Or. Et c'est la principale plate-forme de commercialisation de ces drogues en direction de l'Union européenne. Bref, la Turquie, c'est le pont entre l'Union européenne et le Croissant d'Or, le pont de la drogue et du crime. M. Erdogan ne manque pas d'humour quand il déclare, la main sur le cœur : « La Turquie fait d'énormes efforts pour aller vers l'Europe. »

X

TURQUIE ET CONSTITUTION : DEUX QUESTIONS JUMELLES

« Pourquoi une Constitution ? Pour réussir l'élargissement. »

Jacques Chirac

Loin des vaticinations surréalistes d'une élite européenne coupée du sentiment populaire, le peuple français considère, dans sa très grande majorité, comme une aberration et un contresens historique qu'on veuille faire entrer à toute force la Turquie dans l'Union européenne. Il ne supporte plus d'être placé devant le fait accompli et veut faire entendre sa voix.

Pour tenter de calmer le jeu, on lui promet un référendum sur la Turquie dans quinze ans – quand le paquet aura été bien ficelé –, c'est-à-dire un référendum impossible. Ces artifices ne convainquent personne. En réalité, c'est le référendum de 2005 sur la Constitution européenne qui va tenir lieu de référendum sur la question turque. Ce sera un grand moment de notre vie nationale : les Français pourront enfin choisir l'Europe de leurs vœux et rejeter l'Europe dont ils ne veulent plus. Amalgame abusif de deux questions qui n'ont rien à voir ? C'est ce que voudrait nous faire croire la camarilla fédéraliste !

Le simple bon sens commande pourtant de lier

les deux questions, Turquie et Constitution. « Quand on avance que le débat sur la Constitution doit rester indépendant du débat sur la Turquie, on prend les uns pour des sots et les autres pour des tartufes. Veut-on dire qu'un projet politique est indépendant de l'espace des peuples auxquels il s'applique[1] ? » Ce sont deux sujets siamois, deux débats gigognes.

Les coïncidences sont frappantes : le débat européen et le débat turc n'ont pas seulement les mêmes enjeux, ils ont aussi la même actualité et la même urgence. La coïncidence des *calendriers* recouvre la concordance des *objectifs*.

Gabriel Robin adressait récemment quelques rappels utiles : « Aurait-on oublié, en effet, que le traité constitutionnel qu'on nous propose n'est qu'un nouvel avatar de cet infortuné traité de Nice que ses auteurs, après l'avoir porté aux nues, jugent aujourd'hui tout juste bon à jeter aux chiens ? Sans doute est-il meilleur que celui qu'il remplace, puisqu'on nous le dit, mais enfin, il a même objet et même fonction que lui : dans son cas comme dans l'autre, il s'agit d'un préalable si nécessaire à l'élargissement de l'Europe que, sans lui, l'Union serait hors d'état de fonctionner à vingt-cinq ou trente membres[2]. » Si donc la principale vertu de la Constitution est de permettre à l'Union de relever les défis de l'élargissement, comment ne pas la confronter avec le cas de la Turquie qui représente, à elle seule, un quantum d'élargissement équivalent à celui des dix Etats qui

1. J.-C. Casanova in *Le Monde*, 18 octobre 2004.
2. *Le Figaro*, 27 octobre 2004.

viennent de rejoindre l'Europe ? Comment dissocier Turquie et Constitution quand l'une est une partie, et une partie capitale, du problème dont la seconde est censée être la solution ?

La Turquie a toujours été associée au débat constitutionnel en cours ; elle a suivi, avec droit de parole, tous les travaux de la « Convention de Philadelphie » présidée par le Jefferson de l'Auvergne. De longue date, il a même été prévu qu'elle cosigne « l'acte final », en tant qu'observateur, au même titre que la Roumanie ou la Bulgarie. Cette cosignature a été présentée comme un « à-valoir » sur la décision des chefs d'Etat quant à la date d'entrée dans le processus de négociation.

Parmi toutes les connexions entre les deux questions, il en est une qui touche le projet architectural lui-même du traité constitutionnel.

C'est en effet en raison de la voie choisie par le projet de Constitution, celle du super-Etat européen, que l'on est en train de créer artificiellement, à propos de la Turquie, un problème majeur. Dès lors que l'Europe se présente comme un bloc monolithique à prendre ou à laisser, elle ne peut proposer à la Turquie que deux options également dévastatrices : une inclusion impossible ou une exclusion dangereuse et injuste. Ou bien elle rejette la Turquie et se brouille avec elle, ou bien elle l'accueille, mais alors elle se brouille avec elle-même.

Si les deux sujets sont si étroitement liés, c'est qu'en réalité la Constitution européenne est formatée pour préparer l'accueil de la Turquie et lui reconnaître une place prédominante dans l'Europe de demain. Bloquer l'une, c'est donc bloquer l'autre. Pourquoi la Constitution européenne est-elle formatée pour l'accueil de la Turquie ? Parce que tout le projet est bâti sur *trois options turco-compatibles.*

La première option, c'est l'*option multiculturelle.* La volonté de promouvoir une société « multiculturelle » est au cœur du projet constitutionnel européen. Le multiculturalisme, qui passe par la promotion de l'islam, se présente comme le fondement idéologique du projet européen d'aujourd'hui, après le « marché unique » dans les années 80 et 90. L'adhésion de la Turquie et l'ouverture croissante de l'Europe aux flux migratoires relèvent de la même logique. Ainsi, le caractère multiculturel des sociétés constitue l'un des principes les plus fondamentaux de la Constitution, qui sacralise, sublime la différence, la pluralité culturelle : « L'Union respecte la diversité culturelle, religieuse et linguistique[1]. »

En conséquence, la Constitution européenne pose les jalons d'une société ouverte à toutes les pratiques et les rituels de l'islam : « Toute personne a la liberté de manifester sa religion ou sa conviction individuellement ou collectivement, en public ou en privé, par le culte, l'enseignement, les pratiques et l'accomplissement des rites[2]. » Avec ce principe constitutionnel, la loi française interdisant le port du voile islamique dans les écoles devient inconstitutionnelle et peut être dès lors écartée par la Cour de Justice. De même, selon l'interprétation de ce texte constitutionnel que feront les juges, les Euro-

1. Voir Georges Berthu, *L'Europe sans les peuples*, Editions F.-X. de Guibert, 2004. Article II-22.
2. Article II-10.

péens pourraient être obligés d'accepter la polygamie ou les mariages forcés, qui, à l'évidence, font partie des « pratiques » de l'islam. La Constitution européenne, associée à l'adhésion de la Turquie, représente une main tendue à l'islamisme.

Dans son incroyable recommandation du 6 octobre dernier, la Commission ose s'affranchir, pour la première fois, de toutes les préventions recommandées par les Etats. Elle livre sa vision géostratégique pour l'Europe, en confiant à la Turquie prolifique une mission simple, le repeuplement de l'Europe : « La dynamique de la population turque pourrait contribuer à compenser le vieillissement des sociétés de l'Union européenne[1]. »

Il est vrai que les perspectives démographiques sont, dans l'Europe à venir, désastreuses : les 82 millions d'Allemands ne seront plus que 70 millions en 2050, les 57 millions d'Italiens ne seront plus que 43 millions, etc. : « L'Europe se suicide[2]. »

La deuxième option, c'est l'*option christianophobe.* Après une vive querelle, les Européens ont décidé, en juin 2004, d'exclure toute mention de « l'héritage chrétien de l'Europe » dans le préambule constitutionnel, mention proposée par la Pologne, l'Italie, l'Espagne, le Royaume-Uni et une majorité d'Etats membres.

Le refus de mentionner l'« héritage chrétien » de l'Europe a été clairement motivé par la volonté de faciliter l'adhésion prochaine de la Turquie, peuplée de musulmans à 99 %. La Turquie, qui était

1. Recommandation de la Commission européenne pour l'entrée de la Turquie. Cf. Annexe 6.

2. Jacques Marseille in *Le Point*, 18 novembre 2004.

associée en tant qu'observateur à tous les travaux préparatoires de la Constitution européenne, notamment la Convention, a pesé de tout son poids en ce sens. Ainsi, le ministre des Affaires étrangères de Turquie, Abdullah Gül, déclarait le 19 juin à l'Agence de presse Anatolie : « Il n'y a pas de référence à la religion [chrétienne]. C'est une bonne Constitution, qui remplit les attentes de la Turquie. » On ferme la porte à Dieu pour faciliter l'entrée d'Allah.

La troisième option, c'est l'*option atlantiste,* c'est-à-dire l'alignement de l'Union européenne sur l'OTAN et les Etats-Unis. La Turquie constitue l'un des principaux piliers de l'OTAN. Or, précisément, la Constitution européenne prévoit l'alignement de l'Union sur l'OTAN, donc sur la politique américaine : « Les engagements et la coopération – en matière de sécurité et de défense – demeurent conformes aux engagements souscrits au sein de l'OTAN qui reste, pour les Etats qui en sont membres, le fondement de leur défense et l'instance de sa mise en œuvre[1]. » La Constitution européenne prépare ainsi l'adhésion de la Turquie et son corollaire, un alignement complet de l'Union sur l'OTAN.

Cette Constitution est donc formatée pour accueillir la Turquie. Mais, plus grave encore, elle tend à assurer, à terme, la prédominance de la Turquie en Europe. La Turquie ne sera pas un pays parmi d'autres, mais un pays prépondérant.

1. Article I-40, alinéa 7.

En effet, la Constitution indexe le pouvoir sur le poids démographique. A plus ou moins long terme, en raison de son taux de fécondité, la Turquie va écraser de son poids démographique l'ensemble de l'Union européenne. Selon les dernières projections de l'ONU, la population de la Turquie passera de 68 millions d'habitants en 2004 et à 100 millions en 2050. Dans le même temps, celle des autres pays européens va sensiblement diminuer : l'Allemagne va tomber de 82 à 71 millions ; l'Italie, de 58 à 43 millions, etc. En 2050, la Turquie serait ainsi, et de loin, la première puissance démographique de l'Union, représentant 20 % de ses habitants. La Constitution européenne fait du poids démographique le critère déterminant de la puissance politique dans l'Union au Conseil des ministres (qui représente les Etats). « La majorité qualifiée se définit comme au moins 55 % des membres du Conseil (...) réunissant au moins 65 % de la population de l'Union [1]. » Désormais, l'influence d'un Etat sur les décisions européennes dépend avant tout du nombre de ses habitants.

De même, la démographie conditionne le nombre de députés de chaque pays au Parlement européen. La Turquie va rapidement s'imposer comme le premier Etat par le nombre de députés européens : 96 (le maximum) contre 72 pour la France.

L'adhésion de la Turquie, dans le cadre de la Constitution européenne, lui permettra, à plus ou moins longue échéance, de devenir, mécaniquement, le pôle central de l'influence et du pouvoir

1. Article I-24.

politique dans l'Union. Sa première arme sera donc sa *sur-représentation* par rapport aux autres pays.

Sa deuxième arme sera l'arme de la *frontière*. La Constitution européenne parachève, sacralise la logique de Schengen : elle rend définitive et irrémédiable la suppression des contrôles aux frontières nationales – qui restent conditionnelles dans le cadre des traités actuels : « L'Union développe une politique visant à assurer l'absence de tout contrôle des personnes, quelle que soit leur nationalité, lorsqu'elles franchissent les frontières intérieures. » Les contrôles doivent s'effectuer désormais au seul niveau de la frontière extérieure, entre l'Union et le reste du monde : « L'Union assure le contrôle des personnes et la surveillance efficace du franchissement des frontières extérieures. »

La Turquie, carrefour entre l'Europe et le Moyen-Orient et, par-delà, l'Asie et l'Afrique, deviendra, dans cette hypothèse, la principale porte d'entrée de l'Union européenne. Son adhésion reviendrait, automatiquement, à lui remettre les clés du continent, à la charger de la responsabilité écrasante de la maîtrise des entrées en Europe par la voie terrestre. Les frontières de la Turquie deviendraient la frontière de tous les Européens.

A travers la maîtrise de la frontière européenne, la Turquie détiendra un levier de pouvoir colossal sur l'avenir des Etats de l'Union européenne. Elle aura notamment la possibilité de jouer sur l'entrée en Europe de populations turcophones et musulmanes d'ex-URSS, les 200 millions de turcophones qui sont ses alliés naturels et culturels. De même, elle aura la possibilité, en ouvrant plus ou moins la « frontière », d'accélérer ou de renforcer le développement de l'islam en Europe occidentale.

La troisième arme turque, ce sera le contrôle absolu de la *politique d'immigration.* L'immigration turque est l'une des premières en Europe occidentale, avec 2 millions de Turcs en Allemagne, 250 000 en France. Cette population étrangère, qui vit sur un mode très communautaire, est celle dont l'augmentation est la plus spectaculaire depuis cinq ans. Le potentiel migratoire va continuer à exploser dans un pays dont plus d'un tiers de la population a moins de vingt ans. L'accès à la citoyenneté européenne des Turcs, dès l'adhésion, va supprimer tous les obstacles à cette immigration et entraîner des flux considérables de plusieurs millions de personnes dans toute l'Europe occidentale.

Or la Constitution européenne confirme la disparition des politiques nationales d'immigration et le transfert intégral à Bruxelles, à la Commission, au Conseil des ministres et au Parlement européens, de la compétence dans ce domaine (qui n'est que partielle aujourd'hui) : « L'Union développe une politique commune de l'immigration. » Ainsi, grâce à son poids démographique qui lui assure, à terme, la prépondérance politique en Europe – au Conseil des ministres et au Parlement –, la Turquie détiendrait donc l'essentiel du pouvoir en matière de politique d'immigration.

Aussi bien, la Turquie obtiendrait-elle automatiquement le pouvoir de moduler l'arrivée de vagues musulmanes en provenance du monde entier, qui viendraient renforcer encore son poids politique en Europe, soit par un apport démographique supplémentaire à sa propre population, soit par le renforcement des communautés turcophones et islamiques dans les autres Etats de l'Union européenne.

Cette possibilité de jouer sur les flux migratoires, à travers le contrôle de la frontière extérieure, et son influence sur la politique européenne d'immigration, donc sur la stabilité politique de ses partenaires, constitueraient, pour une Turquie devenue membre de l'Union, un formidable moyen de pression qu'elle ne manquerait pas d'utiliser pour obtenir gain de cause dans les autres dossiers – financiers, agricoles, budgétaires.

On pressent aussi les avantages que les Etats-Unis, qui exercent une influence discrète mais efficace sur la Turquie, peuvent tirer de cette situation, par exemple pour sanctionner « la vieille Europe », en accélérant son islamisation et sa marche vers le multiculturalisme – la Grande-Bretagne, hors de Schengen, conservant quant à elle ses frontières nationales.

Le seul moyen d'éviter le scénario décrit ci-dessus est de dire non à la Constitution européenne. Il apparaît surréaliste de débattre du problème turc sans s'interroger sur la portée et la pertinence du projet de Constitution ; impossible, tout autant, de débattre de celui-ci sans se demander comment il fonctionnerait avec la Turquie dedans. Si les deux débats renvoient inévitablement l'un à l'autre, c'est qu'en réalité ils n'en font qu'un : dire ce qu'est l'Europe et dire où elle finit, décrire son identité ou fixer son étendue, c'est répondre à la même question puisque c'est toujours de définir l'Europe qu'il s'agit.

Il faut prendre Jacques Chirac au mot : « Pourquoi donc une Constitution ? Pour réussir l'élargissement. » C'est bien lui qui a fait le lien entre les questions : la question du projet architectural et la question du périmètre.

Conclusion

L'Europe ressemble de plus en plus à la RDA en décembre 1989, au lendemain de la chute du Mur. Les apparatchiks s'agitent mais le peuple, lui, est déjà parti ailleurs.

Aujourd'hui, Bruxelles ne suscite plus que désenchantement et amertume. Les Français sont en proie au désarroi, submergés par un triple sentiment de dépossession d'eux-mêmes : dépossession *par la mondialisation* qui aspire nos forces vives et nos emplois ; dépossession *par l'Europe* qui trouble l'idée même de destin commun ; dépossession *par le communautarisme* qui nous exproprie de notre identité culturelle.

Les Français bougonnent et la France s'abîme. Depuis l'été 2004, l'expression qui s'étale à la Une des journaux est la « perte d'influence » de la France à Bruxelles. On parle même de « décrochage », et plus précisément d'un triple décrochage de la France dans les trois instances de la décision européenne :

– décrochage au Parlement européen, depuis le traité de Nice, avec 72 députés contre 99 à l'Allemagne ;

– décrochage au Conseil, avec 13 % des voix pour la France contre 18 % pour l'Allemagne ;

– décrochage à la Commission : nous avions *deux* Commissaires sur *vingt*, nous n'en aurons plus, après la ratification du nouveau traité de Rome, qu'*un seul* à éclipse sur *quinze*.

La France diminuée, la France humiliée, la France piétinée. Tous les jours, traînée en justice par Bruxelles. Tous les jours... Au moment d'écrire ces lignes, j'essaie de résoudre un problème qui concerne les ports de l'Ouest : savez-vous ce que les Commissaires de Bruxelles reprochent à la France ? Un défaut de vigilance sur le « contrôle de la taille des merluchons bretons ». La France est menacée d'une lourde amende. Voilà à quoi s'occupent les Commissaires.

Et puis, il y a nos usines qui partent, nos tissus conjonctifs qui se déchirent, nos terroirs qui s'appauvrissent, notre territoire qui s'en va. La mer rendue aux goélands avec des pêcheurs qui agonisent : « Nous étions pêcheurs de poissons, nous voilà pêcheurs de fioul. » Nos campagnes qui se désertifient avec des paysans à la peine : « Nous étions semeurs de récoltes, nous sommes devenus planteurs de primes et producteurs de formulaires. »

L'heure de vérité est arrivée. Les Français vont juger. Les Français vont juger les trois grandes promesses de la décennie :

« L'Europe multiplicateur de puissance » ; on nous a dit : « Offrez votre souveraineté à Bruxelles, Bruxelles vous la rendra au centuple. » Eh bien, même en euros, le centuple ne vaut pas cher. Une addition de souverainetés mutilées n'a jamais produit plus de puissance qu'une addition de culs-de-jatte n'a produit de vélocité.

« L'Europe multiplicateur de sécurité » ; quand M. Barnier est parti négocier, au Moyen-Orient, la libération des otages français, il y est allé tout seul, en réactivant le portefeuille de contacts de ce qu'on appelait la « politique arabe » de la France. Parce que, quand un pays se trouve face à un très grave problème, il est seul. Raison pour laquelle on utilise l'expression « intérêts vitaux » ou « intérêts nationaux ».

« L'Europe multiplicateur de richesses » ; je me souviens très bien, au moment du débat sur Maastricht, de la phrase fameuse : « Ça coûte pas cher mais ça va rapporter gros. » On nous parlait de la manne des « fonds structurels ». Je revois les maires du Sud-Vendée, ébahis, éblouis et dodelinant sur le thème « quand même, même si la tuyauterie est longue, l'arrosage est conséquent... » Le malheur aujourd'hui, c'est qu'il n'y a plus rien dans les tuyaux. Pire que cela. La France est devenue un pays contributeur net de l'Union européenne. Il est bien normal que les Français pensent tout bas, ce que disent les Anglais tout haut : *« I want my money back. »*

Les Français mettent en regard les promesses et la réalité. Les promesses ont été trahies.

Que nous propose-t-on pour remédier à cette perte d'influence et pour réhabiliter cette Europe de l'arnaque ? Une Constitution qui ne manquerait pas d'abaisser la France encore davantage, et l'entrée de la Turquie qui viendrait l'affaiblir et la diluer dans un magma informe.

Le nouveau système de pouvoirs, favorable à court terme à l'Allemagne, jouerait donc très vite en faveur de la Turquie, ce grand pays asiatique qui saurait prendre appui sur l'archipel turcophone qui s'étend du Caucase à la Chine et qu'Ankara a commencé à organiser avec le « T6 [1] ». La règle de la double majorité au Conseil introduite par la Constitution donnerait très vite à Ankara un rôle prédominant au sein des institutions de l'Union. Qui pourrait accepter que le principal pays de l'Union européenne, celui qui donnerait le ton, fût demain un pays non européen ?

Pourquoi l'Europe est-elle allée se perdre en Asie ? Peut-être parce qu'elle ne sait plus où elle va, qu'elle ne sait plus d'où elle vient. Et qu'elle a renoncé à toute définition.

La Constitution nous offre une Europe sans racines, qui refuse de se référer à des valeurs fondamentales, à commencer par l'idée nationale. Redisons une dernière fois que M. Erdogan s'était invité avec fracas dans ce débat lors de la Convention en exigeant que la Constitution européenne, pour pouvoir s'appliquer à la Turquie, refuse toute mention des racines de l'Europe.

Une Europe qui se constitue en super-Etat et rejette la Turquie à l'extérieur, ce n'est pas non plus une solution juste et satisfaisante ; car elle méconnaît à la fois le rôle important qu'a joué la Turquie dans notre défense pendant la guerre froide et la nécessité pour nous d'entretenir à l'avenir des rela-

1. Le Türk 6 regroupe six Etats turcophones : Turquie, Azerbaïdjan, Kazakhstan, Kirghizistan, Ouzbékistan, Turkménistan.

tions amicales et une coopération étroite avec notre grand voisin d'Asie Mineure.

Comment sortir du piège turc, sinon en rejetant le type d'Europe vers lequel nous mène la lourde Constitution supranationale, celui d'un *bloc monolithique* ? Comment entretenir durablement des relations amicales avec la Turquie sans nous renier nous-mêmes, sinon en réenracinant l'Europe dans les peuples et en inventant un mode de coopération « qui ne soit pas faussement décalqué du cadre étatique[1] » ? La question de la Turquie nous montre l'absolue nécessité de changer d'Europe. Il faut renoncer à la folle entreprise d'un super-Etat de type unitaire, appliquant à tous des règles uniformes, et bâtir l'Europe de la modernité : une Europe souple, une Europe en réseaux. Et la vraie souplesse dont a besoin l'Europe de demain pour éviter la paralysie, ce n'est pas que les peuples puissent éventuellement changer à la majorité la règle unique applicable à tous, c'est que chaque peuple puisse conserver une liberté de choix nationale à partir de laquelle il peut s'engager de manière pleinement responsable et démocratique dans des coopérations à géométrie variable qui renforceront l'Europe. Et dans cette Europe en réseaux, la Turquie peut parfaitement trouver sa place. Associée à des actions communes, la Turquie reste souveraine et garde ses différences sans nous les imposer. Et de notre côté, nous lui ouvrons des champs de coopération féconds sans la placer sous une surveillance permanente – un monitoring, comme on dit à Bruxelles –

1. Georges Berthu, *L'Europe sans les peuples*, *ibid.*

qui pourrait rapidement être ressentie comme insupportable par le peuple turc. L'échec de l'aventure irakienne montre bien que l'on n'impose pas de l'extérieur la démocratie à un peuple. Ouverte à l'inclusion d'Ankara dans une série de cercles de coopération, mais ferme sur le respect du droit international : voilà une conception de l'Europe qui permettra d'éviter que la question turque ne tourne au drame.

Enfin, au-delà du cas turc, ce sont toutes les nouvelles candidatures, de l'Ukraine au Caucase et au Maghreb, que la formule du super-Etat, telle que nous la propose la Constitution, rendrait impossibles à traiter.

Le référendum de 2005 sera donc pour les Français l'occasion d'affirmer que la construction européenne ne doit plus être fondée sur l'affaiblissement continu des démocraties nationales, mais, au contraire, sur le respect de leur volonté. Les Français diront clairement que l'Europe doit être refondée sur les nations, le sentiment populaire, la démocratie réelle, les libres associations entre nations. Ce n'est qu'ainsi que l'Europe pourra durablement être en paix avec elle-même et avec ses voisins, notamment la Turquie. Ce sera une Europe plus modeste peut-être dans ses prétentions, mais plus efficace et moins décevante que les promesses impossibles à tenir du super-Etat supranational que nous prépare le projet de Constitution.

Entre des logiques incompatibles, tôt ou tard, il faut choisir ; il n'y a pas de moyen terme. C'est ce choix décisif qui va être proposé aux Français : à travers le projet de Constitution qui leur est soumis, ils auront à décider s'ils veulent faire l'Europe des *souverainetés nationales* ou laisser faire l'Europe des *déchéances nationales*.

Selon leur réponse, la France se condamnera à n'être plus qu'une expression de la géographie ou, au contraire, elle pourra espérer rester un acteur de l'Histoire.

ANNEXES

ANNEXE 1

Note de M. Franz Fischler, Commissaire européen à l'agriculture, à ses collègues du Collège des Commissaires, le 30 juillet 2004.

(Ce document était initialement destiné à Günter Verheugen, Commissaire chargé de l'élargissement.)

8 octobre 2004

Cher Günter,

Le 20 juillet 2004, vous avez présenté au Collège l'état préparatoire de l'avis et de la recommandation que la Commission doit soumettre au Conseil en ce qui concerne l'ouverture des négociations d'accession de la Turquie, ceci en préparation du Conseil européen de décembre de cette année. Vous nous avez rappelé que cet avis doit vérifier si la Turquie répond aux critères politiques de Copenhague et que ce rapport devra également prendre en compte tous les aspects du problème, y compris la capacité de l'Union à absorber un nouvel Etat membre tel que la Turquie, tout en maintenant la dynamique d'intégration de l'Union.

Notre stratégie devra être établie à la lumière du contenu de ce rapport, dans l'intérêt de l'Union, et en tenant compte des intérêts de la Turquie et des progrès qu'elle a accomplis à ce jour. Puisque aucune occasion réelle ne s'est présentée pour organiser un véritable débat, je souhaiterais ajouter à ma première réaction lors de la réunion de notre Collège quelques réflexions qui, à mon avis, devraient être prises en compte lors de la rédaction de ce rapport.

1. Considérations générales

L'accession de la Turquie à l'Union européenne serait particulière, à la fois dans son étendue et dans son degré, en comparaison avec les précédents élargissements : la Turquie est tout à fait différente en termes historiques, géographiques et culturels ; elle est substantiellement plus grande, plus peuplée et plus pauvre, ses marchés sont plus protégés, la compétitivité de son agriculture et de son industrie agroalimentaire est généralement inférieure, et l'intégration de son commerce de produits agricoles avec l'Union européenne est plus limitée, en particulier en ce qui concerne les importations turques. L'élargissement à un tel pays pourrait avoir des conséquences institutionnelles et géostratégiques qui doivent être calculées car elles auront un impact majeur sur le type d'Union que nous allons construire. Nous ne pouvons donc éviter de réaliser une étude d'impact particulièrement exhaustive, comme Günter a promis de le faire.

2. Agriculture

En ce qui concerne plus particulièrement mon portefeuille, un jugement approprié sur notre capacité de « digérer » la Turquie, en termes de fonctionnement de la politique agricole commune, de processus de réformes et de ressources financières, nécessite une étude beaucoup plus approfondie que celle que nous avons eu le temps de réaliser, et tout au moins aussi exhaustive que celle que nous avons dû faire dans le cas des nouveaux Etats membres. Le processus de réforme de la politique agricole commune serait rendu très difficile par la taille du secteur agricole turc et de son économie rurale, par le fait que l'économie rurale est placée hors de l'économie de marché, et par le très grand nombre de petites exploitations ou d'exploitations de simple subsistance. Ceci resterait vrai même si de nouvelles restructurations et de nouvelles réformes devaient être mises en place avant l'adhésion. Une attention toute particulière devrait être apportée au démantèlement des monopoles d'Etat, à la réduction des différentiels de prix, aux compensations pour les ajustements résiduels de prix, à une plus grande libéralisation, tout spécialement à travers le démantèlement des aides à l'importation. La Turquie devrait également s'attendre à une sérieuse détérioration de sa balance commerciale agricole avec l'Europe. Une estimation très grossière, fondée sur l'acquis actuel, suggère que la Turquie seule absorberait 8 milliards d'euros de fonds directs et que les mesures de soutien au marché coûteraient, quant à elles, un milliard d'euros (sans parler des mesures vétérinaires), c'est-à-dire presque autant que les coûts de l'extension de la politique agricole commune aux dix nouveaux Etats membres. Pour le développement rural, la Turquie absorberait 2,3 milliards d'euros, si on se fonde sur l'approche retenue pour la Bulgarie et la Roumanie. Le coût annuel pour le budget de l'Union européenne de cette nouvelle adhésion dans le seul domaine de l'agriculture serait supérieur au coût de l'accession de tous les autres nouveaux Etats membres. La Turquie aurait de grandes difficultés à mettre en œuvre la politique agricole commune tout en risquant de l'affaiblir. Cette adhésion risquerait également de porter atteinte à la cohésion de l'Union européenne si les vingt-sept membres ne sont pas prêts à augmenter le budget de l'Union des sommes nécessaires à l'absorption de la Turquie.

3. Culture

Il s'agit d'un sujet d'importance cruciale lorsqu'il est question d'intégration de peuples et de pays. C'est principalement la culture (pas la religion) qui compte quand il s'agit de définir ce qu'est « être un Européen ». Un sentiment de communauté est plus facile à établir entre les Etats partageant une culture commune qu'avec des Etats n'ayant pas de culture commune.

Les différences culturelles sont inévitables et peuvent être certainement un facteur positif pour une Communauté. Mais tout est matière de degré. Par exemple, les différences culturelles, enracinées dans l'histoire et dans la géographie, expliquent les divergences substantielles et les controverses qui existent entre la France et l'Allemagne et qui nécessitent ainsi un partenariat particulièrement étroit. Mais ces divergences restent gérables parce qu'elles demeurent dans les limites d'une culture européenne. Comme le Premier ministre Erdogan le savait, lorsqu'il a dit qu'il souhaitait que la Turquie soit jugée sur ses valeurs politiques et sur ses réformes, et pas sur sa religion et sa culture. Le Premier ministre Balkenende a également admis : « L'héritage culturel turc est différent » (bien qu'il ait conclu que cela lui donnait une valeur particulière pour l'Union).

Il est un fait que la Turquie est une société *sui generis,* bien plus orientale qu'européenne. Elle a été souvent décrite comme un pont entre l'Europe et l'Asie, en raison de son ambivalence historique et sa localisation géographique mouvante entre l'Europe et l'Asie (particulièrement lorsque l'Empire ottoman disposait d'une large tête de pont en Europe). Les avocats occidentaux de l'adhésion de la Turquie estiment qu'il est essentiel de bâtir un pont entre l'Europe chrétienne, le Moyen-Orient musulman et l'Asie. Et ils jugent également qu'il est essentiel de combiner un islam modéré avec la démocratie. Stuart Eizenstat a écrit que si « l'Union européenne veut modeler le monde musulman d'une manière plus laïque et plus démocratique, l'adhésion de la Turquie en est le meilleur moyen ». Est-ce bien le rôle de l'Union européenne de modeler le monde musulman, et l'élargissement est-il le bon instrument pour cet objectif ? Quoi qu'il en soit, le gouvernement turc déclare qu'il ne veut pas être un pont mais qu'il veut devenir européen, soulignant son appartenance au Conseil de l'Europe.

Il n'en est pas moins vrai que la Turquie est un pays asiatique avec une simple petite tête de pont en Europe, dont les élites regardent vers l'Europe en ayant derrière la tête un « rêve d'Orient » turc. Mais la population dans sa vaste majorité est enracinée en Asie. La plus grande partie de la société turque n'est pas impliquée dans la politique européenne de son gouvernement, et est culturellement complètement étrangère à ce processus. Pour conclure, il est certain que la Turquie contribuerait à la diversité culturelle de l'Europe, mais elle pourrait également créer une barrière psychologique mettant en danger l'intégration européenne.

4. Religion

Certains, en Europe, sont très attachés aux valeurs chrétiennes et veulent éviter toute pollution par d'autres traditions. D'autres n'y voient aucun problème, étant attachés à la tolérance religieuse.

L'appartenance religieuse – qui n'est qu'en partie liée à la culture – n'est pas un obstacle sérieux pour l'adhésion de la Turquie, parce que la tolérance religieuse est essentielle dans l'Union européenne. Accuser tous ceux qui s'opposent à l'adhésion de la Turquie d'islamophobie – pour ne pas dire de xénophobie tout court – est une attaque facile.

En revanche, le rôle de la religion dans la société est un élément fondamental pour un Etat démocratique. Une vaste majorité d'Européens est en faveur d'une séparation entre l'Eglise et l'Etat et croit que la laïcité est un élément essentiel de l'Europe d'aujourd'hui, sans qu'aucune religion bénéficie d'un statut privilégié. Ce n'est pas le cas en Turquie. Malgré l'héritage d'Atatürk, la laïcité n'est pas enracinée dans la culture turque, l'islam bénéficie d'une préférence publique et la laïcité est et devra continuer à être (imparfaitement) imposée. Alors qu'existe formellement une liberté religieuse, sa mise en œuvre est difficile et se traduit par un manque de représentation des minorités religieuses dans l'appareil d'Etat.

Le rôle de la religion n'est pas fixé en Turquie, et ne le sera pas avant longtemps.

5. Intégration sociale

L'un des plus sérieux problèmes posés par l'adhésion de la Turquie est l'intégration sociale. La politique sociale turque est sensiblement différente de celle qui existe en Europe. Seule une minorité est couverte par des conventions collectives et moins de 5 % des employés sont syndiqués. Il n'existe aucun dialogue social.

Alors que l'Europe n'a pas particulièrement besoin d'harmoniser ses politiques sociales, elle a néanmoins besoin que les niveaux sociaux soient compatibles dans les différents Etats membres. Lorsque ce n'est pas le cas (par exemple aux Etats-Unis vers 1860 et en Europe au milieu du XIXe siècle), l'intégration est fragilisée ou s'effondre. L'adhésion de la Turquie affaiblirait l'intégration sociale et l'émergence d'une identité commune, qui sont des pierres fondamentales pour la stabilité de l'édifice européen.

Tout rapprochement serait contrarié par la simple situation géographique de la Turquie, qui est essentiellement périphérique et à 97 % en dehors du continent européen. Il s'agit là d'un facteur restrictif très important en matière de contacts sociaux entre la Turquie et l'Europe. Il pourrait être contrebalancé par un libre accès des travailleurs turcs au marché unique, mais ceci pourrait être sérieusement remis en cause par d'éventuels incidents xénophobes.

L'un des principaux problèmes à l'intégration sociale est celui de l'égalité des sexes. C'est, bien entendu, un problème de droits de l'homme. Selon l'UNICEF, malgré l'ouverture de mille nouvelles écoles en 2003, plus de 50 % des fillettes âgées de 7 à 13 ans ne sont pas scolarisées dans l'est et le sud de la Turquie, souvent en raison de l'opposition des membres masculins des familles. Les femmes ne représentent que 25,5 % de la main-d'œuvre, soit moins de la moitié du taux européen. Il existe également d'autres problèmes dans ce registre, tels que les mariages forcés, les assassinats « d'honneur » de femmes, des articles discriminatoires dans le code civil (en ce qui concerne le viol, par exemple), l'interdiction faite aux femmes fonctionnaires de porter des pantalons.

Les tensions dans la société turque sont très fortes. Elle reste divisée entre les conservateurs ultrareligieux et les laïcs occidentalisés, la majorité sunnite et les Alévis, entre les riches et les plus démunis. Aucune société européenne ne présente une mosaïque sociale aussi complexe. Inévitablement, le caractère démocratique et laïque de la Turquie à long terme pose question.

6. Droits de l'homme

Clairement, la convergence en ce qui concerne les droits de l'homme est très importante (y compris l'égalité des droits pour les femmes), les normes juridiques et les procédures peuvent contribuer à établir un sentiment de communauté. Toute autre considération mise à part, une adhésion *complète* aux principes et aux pratiques des droits de l'homme devra être prouvée par le rapport de la Commission et être un préalable à l'ouverture de négociations, comme cela a été le cas lors des élargissements précédents.

Ceux qui se montrent favorables à l'adhésion soulignent les progrès substantiels réalisés par la Turquie dans ce domaine afin de remplir les conditions requises par l'adhésion à l'Union européenne. Bien des lois qui viennent d'être démantelées n'avaient été adoptées qu'après le coup d'Etat de 1980. Les progrès sont indéniablement remarquables et ont certainement été accélérés par le désir et la perspective de rejoindre l'Union européenne.

Mais il existe un manque de sécurité juridique qui est dû à la disparité très forte entre le droit formel et les pratiques légales réelles. Il a été observé que les réformes politiques doivent faire face à la résistance d'une partie de la fonction publique, du secteur judiciaire et de la part des forces de sécurité, en particulier lorsque les changements visaient l'élargissement de la liberté religieuse et la protection des droits des minorités. Amnesty International demeure très critique. Le dernier rapport sur la situation des droits de l'homme en Turquie établi (2003) par les Etats-Unis[1] souligne des problèmes récurrents tels que 920 plaintes crédibles déposées par des

1. Voir p. 180.

victimes de tortures cette année-là, tout en sachant que seuls 5 % des cas sont connus et que les méthodes utilisées ne laissent souvent aucune trace, de sorte que la torture reste difficile à prouver. *L'association pour la Défense des droits de l'homme est encore plus critique, avec un total de 1 300 cas de tortures,* un phénomène qu'elle juge être une pratique répandue et qui ne fait pas l'objet de sanctions. Ceci ne remet pas en cause les indéniables progrès réalisés dans ce domaine, comme l'a récemment souligné Human Rights Watch.

Un problème ethnique spécifique se pose en ce qui concerne les Kurdes de nationalité turque. Bien que les droits des minorités (y compris l'enseignement de la langue kurde et l'existence d'une chaîne de télévision d'Etat kurdophone) aient été finalement accordés par Ankara, avec réticence, après avoir gagné une guerre de seize ans contre une campagne terroriste kurde dans le sud-est du pays, les tensions se maintiennent de manière souterraine, et vont probablement perdurer.

7. *Sécurité et défense*

Les plus fermes soutiens de l'adhésion turque sont ceux qui voient ce problème comme essentiellement lié à l'OTAN. Parmi eux, les Etats-Unis et le Royaume-Uni. Leur préoccupation est la préservation de l'Alliance occidentale et de la double appartenance, lorsque c'est possible, à l'OTAN et à l'Union européenne, et ce dans le souci de préserver l'existence de l'OTAN. Ceci se lit dans la déclaration du Président Bush lors du dernier sommet de l'OTAN : « La Turquie, en tant que puissance européenne, appartient à l'Union européenne. » Que l'adhésion de la Turquie affaiblisse le projet d'union politique n'est pas leur souci premier, mais il se peut bien qu'elle ne leur déplaise pas.

Deux objectifs sont présentés en défense de la cause de l'adhésion turque : la lutte contre le terrorisme et le fondamentalisme, et l'occidentalisation du monde musulman. Le rôle attribué à la Turquie par le monde occidental est celui de « l'exemple positif ».

Il ne fait aucun doute que la Turquie est un enjeu majeur pour la sécurité occidentale, et ce depuis des années, sans pour autant que celle-ci soit membre de l'Union européenne. L'adhésion n'y changerait rien. Il se peut que la Turquie puisse être un rempart contre le fondamentalisme. Il se peut tout aussi bien qu'il se produise une dérive fondamentaliste en Turquie malgré l'adhésion, et cela ne semble pas avoir traversé l'esprit des avocats de l'entrée de la Turquie. Ils oublient que la Turquie est un Etat laïque depuis 1923 sous Atatürk, sans pour autant que cela ait un effet quelconque sur ses voisins, et que la démocratie a été renversée par un coup d'Etat en 1980. Bien que l'adhésion puisse accentuer la pression des élites pour éviter un retour à l'autocratie et au fondamentalisme, les aspirations aux particularismes au sein de l'Union montrent qu'il n'existe aucune garantie contre ce risque. Il ne fait aucun doute que l'Union pourrait renforcer le caractère séculier de la société turque, mais pas l'assurer.

Devons-nous ou ne devons-nous pas nous demander ce que serait la situation de l'Union européenne si un tel scénario se produisait, avec la Turquie membre de l'Union et ses partenaires peut-être divisés sur la nature de la réaction à mettre en œuvre ?

8. Une boîte de Pandore géostratégique

Comme l'écrit le politologue allemand Alfred Grosser : « Wo hört Europa auf ? Wollen wir eine Grenze mit Irak ? Was ist mit die Kurdenfrage die die Turkei, Irak und Syrien betrifft ? Was mit Iran ? [Où l'Europe s'arrête-t-elle ? Voulons-nous une frontière avec l'Irak ? Qu'en est-il de la question kurde qui concerne la Turquie, l'Irak et la Syrie ? Et quid de l'Iran ?]

Si la Turquie entre dans l'Union, elle aura un pied au Moyen-Orient et en Asie Mineure. Ce n'est pas rien.

Valéry Giscard d'Estaing a déclaré qu'il était frappé par la pauvreté du débat sur les limites de l'Europe. Jusqu'à aujourd'hui, il y a un manque de pensée géostratégique au sein des institutions européennes aussi bien que parmi les Etats membres sur les limites de l'Europe, et en particulier sur l'approche à adopter vis-à-vis de la Turquie, ainsi que sur les conséquences géostratégiques d'une adhésion turque. Bien qu'un certain nombre d'éditoriaux critiques aient été récemment publiés dans la presse, dont les principaux arguments sont repris dans cette lettre, ces derniers ne semblent avoir aucun impact dans le corps politique. Notre réponse, la « nouvelle politique de voisinage », est incomplète dans la mesure où elle ne définit pas les limites de l'Union.

C'est pourquoi la Commission doit prendre sa part de responsabilité dans ce problème. La Commission a pris l'initiative de préparer un accord d'association avec la Turquie en 1963, impliquant, sans que cela ait été préalablement clarifié, que la Turquie faisait partie de l'Europe. Elle n'a pas non plus engagé cette réflexion lorsque la Turquie a fait une demande d'adhésion implicite, précisément en signant cet accord, ni même lorsque cette dernière a déposé sa demande officielle le 14 avril 1987. La Commission n'a pas exprimé de désaccord lorsque le Conseil européen a conclu en 1999 que la Turquie avait « vocation » à rejoindre l'Union. De même n'a-t-elle ni réagi ni entamé de réflexion lorsque le Conseil européen de Copenhague, rappelant la décision d'Helsinki, a déclaré que « la Turquie est un Etat candidat destiné à rejoindre l'Union sur la base des mêmes critères que ceux qui sont retenus pour les autres candidats », critères définis à Copenhague en 1993.

Lorsque nous conduisons une voiture, nous ne devons pas nous contenter de savoir quoi faire au prochain carrefour, mais bien au-delà. Si la Turquie – qui est essentiellement un pays asiatique ou moyen-oriental (depuis que l'Empire ottoman s'est retiré d'Europe) – devait rejoindre l'Union européenne, l'Union devrait s'attendre à ce que d'autres Etats membres du Conseil de l'Europe et qui ne sont pas membres de l'Union européenne déposent leurs candidatures, comme l'Arménie, l'Azerbaïdjan, la Géorgie, la Moldavie, l'Ukraine, et bien sûr la Fédération de Russie (puisque la Russie a perdu ses républiques méridionales asiatiques) – dont les caractéristiques sont généralement beaucoup plus européennes que celles de la Turquie en termes culturels, géographiques et historiques. De plus, à partir de l'instant où l'Union européenne dépassera les limites de l'Europe vers le Moyen-Orient et l'Asie, d'autres pays comme le Maroc frapperont (de nouveau) à la porte, sans parler d'Israël.

Nous devons savoir que nos voisins, comme par exemple le Président géorgien Saakachvili, considèrent leur adhésion à l'OTAN « comme une sorte de ticket d'entrée dans l'Union » et qu'ils soutiennent la politique européenne de sécurité au Moyen-Orient et en Asie centrale dans le but d'être un jour admis dans l'Union européenne. Ils soulignent l'importance des conclusions que le dernier sommet de l'OTAN a jointes au pacte de stabilité de la région de la mer Noire, en faisant remarquer qu'il était nécessaire « d'intégrer la Géorgie, l'Azerbaïdjan et l'Ukraine dans les structures européennes », ajoutant que les pays d'Europe centrale et orientale étaient la porte d'entrée pour l'accession de la Géorgie. Saakachvili poursuivait : « Si la Turquie accède à l'Union européenne, je suis persuadé que la Géorgie va suivre.

Ce sera quasiment automatique. Et il faut s'attendre à ce que la Géorgie se voie reconnaître le statut de pays candidat d'ici deux ans. »

On ne peut être plus clair. Cette évidence est encouragée par notre ambiguïté sur les limites de l'Europe. Notre politique de voisinage est vue par nos voisins comme un pas dans la direction d'une éventuelle inclusion de l'ensemble du « cercle des amis » dans l'Union européenne. L'accession de la Turquie ne peut qu'accentuer cette pression. Les négociations d'adhésion avec la Turquie ne feraient qu'allonger la file des pays qui frappent à la porte de l'Union, avec un sentiment de frustration, et risquent de rendre moins efficaces nos arguments pour leur fermer la porte. A l'évidence, si la Turquie accède à l'Union, notre politique de voisinage devra être étendue aux voisins de la Turquie, c'est-à-dire l'Iran, l'Irak, la Syrie (qui ne sont généralement pas dans les meilleurs termes avec notre partenaire américain).

Toute réflexion géostratégique devra également tenir compte du problème de la nation kurde, divisée par les frontières politiques existantes. Depuis la première guerre du Golfe, les Kurdes irakiens ont bénéficié d'une large autonomie politique sous la protection de l'ONU et du Royaume-Uni, et sont très récalcitrants à l'idée d'y renoncer, d'autant qu'ils disposent d'importantes ressources pétrolières dont manque Bagdad. Dans le cas d'une autonomie kurde en Irak qui perdure ou bien même qui conduise la région à l'indépendance, un effet « boule de neige » pourrait en résulter, qui entraînerait l'ensemble des Kurdes des pays avoisinants vers l'unification dans un seul pays. On imagine les conséquences pour une Union européenne incluant la Turquie et donc une partie de ce nouveau « Kurdistan », une Union européenne qui devrait alors décider d'exclure les Kurdes turcs de l'Union ou d'y inclure les Kurdes irakiens, syriens ou iraniens, étendant ainsi sa dimension moyen-orientale. L'adhésion de la Turquie signifierait l'importation du problème de la nation kurde.

Ai-je peint un tableau de la situation trop pessimiste ? Je l'espère. Mais les politiques décidées de manière éclairée doivent se fonder sur des scénarios possibles avant d'être mises en œuvre.

9. Et maintenant ?

Comme nous le savons, le Conseil a conclu que « si le Conseil de décembre 2004, sur la base du rapport et des recommandations de la Commission, décide que la Turquie remplit les critères politiques de Copenhague, l'Union européenne ouvrira sans délais les négociations d'accession avec la Turquie ».

En soulignant les récents succès de la Turquie dans le domaine des droits de l'homme, vous avez récemment déclaré (devant les « Amis de l'Europe ») : « Le problème auquel nous sommes confrontés n'est donc pas *si*, mais *quand* les négociations d'adhésion de la Turquie peuvent débuter. » Il n'y a jamais eu de plan alternatif.

A la lecture de la presse, l'impression générale est que la proposition de décider l'ouverture des négociations aura bien lieu cet automne. Déjà, en février dernier, voici comment le *Financial Times* présentait la situation : « Ce qui se dit à la Commission, c'est que si les choses demeurent en l'état, elle recommandera cet automne que l'on donne à Ankara une date pour le début des négociations. »

Le journal continue : « Il y a cinq ans, les chefs d'Etat et de gouvernement de l'Union européenne ont offert à la Turquie un marché : "Si vous atteignez les critères de liberté et de démocratie, si vous coopérez à la solution du problème chypriote, le continent reconnaîtra le destin européen de la Turquie." » Maintenant que le gouvernement turc a rempli sa part du marché, l'Union européenne est tenue de remplir la sienne. »

Plus récemment, le *Financial Times* était plus explicite encore : « L'on s'attend à ce que la Commission européenne recommande l'ouverture des négociations d'adhésion avec la Turquie lorsqu'elle rendra son rapport sur les réformes économiques, politiques et sociales du pays en octobre. » C'est un peu comme si le journal en savait davantage sur le Collège des Commissaires que moi-même.

Tout ceci s'est passé sans que la Commission ait pu examiner aucun rapport approfondi sur les conséquences possibles d'une adhésion de la Turquie à l'Union européenne et sur la Turquie elle-même, sans parler d'une analyse géostratégique plus globale.

Il est essentiel que la Commission agisse dans ce dossier en tant que « gardienne des traités », et ce dans le nouveau contexte constitutionnel. De mon point de vue, il existe de nombreux doutes sur le fait de savoir si la Turquie doit souscrire à une Constitution européenne. Si, après une étude d'impact approfondie, une majorité partage ces doutes, nous devons ne pas nous soucier d'être blâmés pour l'avoir fait savoir. Lorsque des engagements sont pris dans un contexte donné, c'est une pratique normale dans les affaires comme en politique d'adapter ces décisions. Ne pas le faire serait s'exposer à un jugement sévère de l'Histoire.

L'accord d'association de 1960 avec la Turquie a été signé peu de temps après le traité de Rome, à une époque où l'Europe était divisée entre Est et Ouest, et donc en un temps où il ne pouvait pas y avoir de réflexion sur les limites de l'Europe et où il n'y avait pas de projet d'Union politique, et encore moins celui d'un traité constitutionnel, qui aujourd'hui n'attend plus que sa (difficile) ratification.

Valéry Giscard d'Estaing nous a rappelé qu'en 1963 le

débat sur la Turquie portait sur son entrée dans un Marché commun sans barrières commerciales, parce que c'était là le seul objectif prévisible du traité de Rome. Mais depuis les années 90, l'Europe s'est lancée dans un projet politique, avec désormais ce projet de traité constitutionnel proposé aux différents Etats membres.

Nous ne pouvons décidément plus continuer à dire que tous les Etats européens doivent être accueillis dans le projet européen sans préciser ce que « européen » signifie. C'est ce que nous aurions dû faire dans le contexte de notre « nouvelle politique de voisinage » et que nous devons toujours réaliser. Un élargissement continu de l'Union européenne signifierait qu'elle ne pourra plus atteindre ses objectifs politiques, et qu'elle est condamnée à s'en remettre à une « avant-garde », laissant les autres à la traîne.

L'Union a pris d'importantes dispositions en faveur de la Turquie sans que les citoyens en aient été informés. Nous ne pouvons continuer à ignorer l'opinion publique et laisser la construction européenne aux seules mains des diplomates. Les citoyens ne sont pas simplement des objets à convaincre, mais des sujets à écouter. Comment est-il possible qu'Eurobaromètre n'ait jamais songé à connaître l'avis du public sur l'adhésion de la Turquie ? Depuis que la Turquie a été officiellement inscrite au rang de candidat, le public commence à en être averti. Malgré l'absence d'un débat public ouvert et structuré, les citoyens de l'Union européenne tendent à exprimer de sérieux doutes, quand ce n'est pas une opposition frontale. Dans plusieurs Etats membres, l'opinion est majoritairement hostile à cette adhésion. Et de loin. Cela ne s'est jamais produit lors des élargissements précédents. Regardons la France, par exemple. Nombre de partis politiques sont opposés à cette adhésion par principe : outre évidemment le Mouvement pour la France (Philippe de Villiers), M. Bayrou, sans parler du père de la Constitution, Valéry Giscard d'Estaing, se sont déclarés contre l'adhésion de la Turquie. D'autres estiment que les conditions ne sont actuellement pas remplies : Jacques Chirac (en une circonstance), l'UMP (Alain Juppé) et le PS. Le PPE a également rejoint le camp du rejet, sous la direction de Hans-Gert Pöttering et d'Angela Merkel. Au sein du camp social-démocrate, beaucoup, en particulier dans mon pays, ont exprimé de sérieuses réserves.

Conclusion

Les relations de l'Union européenne avec la Turquie et les limites de l'Europe qui en découlent sont une question centrale pour l'identité culturelle de l'Europe ainsi que pour son modèle socioéconomique, sa cohésion interne, son avenir politique. En l'absence de définition claire de ses limites, l'Europe va perdre son identité, son projet politique et son élan. Ces questions sont présentes dans l'opinion publique, mais peu de leaders ont, jusqu'à présent, osé s'exprimer sur le sujet.

Nous devons être pleinement conscients que le Conseil européen va probablement suivre le rapport de la Commission. Cela place directement la charge de la décision sur nos épaules. C'est pourquoi, comme vous l'avez dit, cet avis doit être fondé sur une analyse exhaustive, à la lumière du niveau actuel d'intégration européenne, et en prenant en compte le processus de ratification en cours de la Constitution européenne. Il faut également déterminer si l'Union européenne peut s'engager dans de nouveaux élargissements après ceux que nous venons d'effectuer, avant que nous ayons la preuve que ceux-ci aient été correctement digérés et sans qu'une analyse géostratégique de leurs conséquences ait été réalisée.

A moins que nous ne prouvions de manière indiscutable le bien-fondé de l'adhésion de la Turquie, nous risquons tout simplement d'avancer dans le brouillard. Ce serait tout simplement une *March of Folly* (titre d'un ouvrage de l'historienne américaine Barbara Tuchman, qui décrit cinq événements historiques, à commencer par la guerre de Troie, dans lesquels des gouvernements qui poursuivaient des objectifs par le biais de politiques inadaptées sont parvenus à des résultats contraires à ces objectifs). Nous ne devons pas perdre de vue notre projet initial, qui n'est pas l'élargissement en soi, ni la démocratisation des pays de la région, ni même l'utilisation de la Turquie comme exemple des réformes à accomplir par le monde arabe, mais une Union forte et cohérente.

Ceci étant dit, il est aisé de comprendre pourquoi, avec ces élargissements successifs, tous nos voisins, jusqu'à Vladivostok, voient l'adhésion comme un moyen de démocratisation et d'affermissement de leurs régimes. C'est pourquoi il faut également être conscients que la sur-extension et la sur-diversification sont des moyens infaillibles pour conduire à l'échec, l'Union européenne ne faisant pas exception à cette règle.

A l'évidence, l'un des points cruciaux de notre évaluation porte sur le respect par la Turquie des critères politiques de Copenhague. Avant le début des négociations, nous devons de manière exhaustive non pas évaluer le degré des progrès réalisés récemment par la Turquie, mais nous devons savoir si ces critères sont totalement respectés, en particulier dans les domaines des droits de l'homme (dans la ligne des obligations de la Charte européenne des droits fondamentaux qui est intégrée au traité constitutionnel).

Nous devons bien avoir à l'esprit que si les négociations devaient débuter en 2005, toute violation des droits de l'homme prouvant une mauvaise évaluation de notre part pèserait sur la conscience de ce Collège. Plus grave encore, tout relâchement de la Turquie sur l'un ou l'autre des critères de Copenhague auquel elle aurait préalablement satisfait conduirait probablement à la suspension des négociations.

Si la Commission, dans sa sagesse, devait décider de recommander le début des négociations, ne devrait-elle pas poser un certain nombre de pré-conditions, par exemple que certains chapitres ne soient ouverts qu'après que d'autres auront été clôturés parce que totalement satisfaisants ?

Dans le cas d'un accord d'adhésion avec la Turquie, nous aurons pour tâche d'expliquer pourquoi une majorité de l'opinion publique européenne se trompe en n'étant pas favorable à de nouveaux élargissements, et nous devrons nous attendre à de sérieux problèmes de ratification.

Au cas où les négociations ne pourraient être engagées, ou si elles devaient être interrompues, pour quelque raison que ce soit, nous avons besoin d'un projet alternatif, d'un plan B, destiné à aider au mieux la Turquie à poursuivre ses réformes. Une possibilité ne pourrait-elle pas consister en l'inclusion de la Turquie dans le « cercle des amis », en la dotant d'un statut de partenariat particulier, plus étroit que les autres ?

Quelle que soit la position que la Commission adoptera finalement, il est essentiel que nous prenions en compte en premier lieu l'intérêt de l'Union elle-même, sans pour autant ignorer celui de la Turquie. C'est notre responsabilité, et nous ne devons pas y renoncer en laissant au Parlement européen, aux Parlements nationaux ou aux citoyens européens le soin de décider s'ils doivent approuver ou non des accords après qu'ils auront été conclus.

(Signé)
Franz

Voici quelques extraits intéressants du *Country Report on Human Rights Practices 2003* par le Département d'Etat (Etats-Unis) en ce qui concerne la Turquie :

– restrictions aux libertés des minorités religieuses, à la liberté de mouvement et aux activités de certains partis politiques ou de leurs dirigeants ;
– exécutions extra-judiciaires, tortures, passages à tabac et outrages aux personnes par les forces de sécurité (par exemple : 920 plaintes crédibles enregistrées pour des faits de torture) ; harcèlement policier, violences faites à des manifestants ;
– état déplorable des prisons, difficultés de contact des avocats avec leurs clients, et détentions préventives abusivement longues ;
– plusieurs décisions de la Cour européenne des droits de l'homme portant sur des privations illégales de droits et de liberté d'expression, des arrestations et des détentions arbitraires ;
– cas avérés de corruption du judiciaire et d'influence extérieure ;
– des avocats subissent des inculpations, menaces et autres formes de harcèlement, en particulier lorsqu'ils défendent des clients accusés de terrorisme ou d'activités politiques illégales, ou suivent des dossiers de torture, ou cherchent à avoir accès à leur client ;
– limitation de la liberté d'expression, avec la détention de quatre-vingt-deux correspondants de presse, distributeurs ou rédacteurs en chef, et huit arrestations de journalistes en 2003. Aucun particulier ne peut critiquer le gouvernement publiquement sans craindre des représailles. Le gouvernement continue de restreindre l'expression publique de sympathie à l'égard de certaines religions, options philosophiques ou points de vues culturels ;

– arrestation de professeurs ayant parlé du génocide arménien ou ayant assisté à de tels commentaires ;

– fermetures forcées de périodiques, confiscations ou amendes. Poursuites contre des auteurs pour avoir publié certaines œuvres, même dix ans après leur publication. Fermeture de chaînes de télévision pour avoir insulté le gouvernement ;

etc.

ANNEXE 2

Lettre adressée à Philippe de Villiers par Uluç Özülker, ambassadeur de Turquie en France, le 14 mai 2004

Ambassade de Turquie

L'Ambassadeur

Paris, le 14 mai 2004

Monsieur le Député,

Je sais votre opposition à l'adhésion de la Turquie à l'Union européenne. C'est certainement votre droit démocratique de vous y opposer conformément à votre conviction, même en sachant pertinemment qu'il n'y aura pas de décision à prendre sur ce sujet durant cette législature du Parlement européen.

Ce que j'ai du mal à tolérer, c'est le caractère pour le moins blessant de vos propos à l'égard d'une grande nation.

Dans vos affiches de campagne, vous caricaturez le drapeau national turc, celui-là même qui flotte aux côtés du drapeau français devant le siège de l'OTAN, l'organisation sur laquelle a reposé pendant plus de cinquante ans la liberté de ce continent, défendue ardemment par la Turquie dans les moments les plus difficiles de la guerre froide.

Par ailleurs, vous traitez la Turquie de «plate-forme eurasiatique des mafias, du crime et de la drogue », « ou du crime, de la drogue, et du terrorisme », or vous savez parfaitement bien que ni les mafias, ni la drogue, ni le terrorisme ne sont des fléaux étrangers aux pays de l'Union européenne, et que la Turquie a accompli un travail très soutenu et a obtenu des résultats très concrets dans tous ces domaines en coopération notamment avec ses partenaires européens. Vous ne devriez pas oublier non plus que la Turquie a été, bien avant le 11 septembre 2001, un des premiers pays à militer pour une coopération internationale contre le terrorisme.

./..

M. Philippe de Villiers
Député
Casier de la Poste, Palais Bourbon,
75355 Paris 07 SP

Je m'interroge sur les motifs de ces artifices et de ces accusations gratuites répétées, qui m'apparaissent fondées sur l'exploitation de la xénophobie que vous attribuez à vos électeurs. Si vous avez des raisons objectives pour vous opposer à l'adhésion de la Turquie, les Français sont certainement capables de les comprendre. Aussi, vos suggestions douteuses et votre mépris des Turcs commencent-ils à susciter des réactions parmi mes compatriotes dont un nombre croissant m'informe de leur amertume, que je partage pleinement. En vous écrivant ces quelques lignes, je me fais aussi leur interprète.

Les leçons de l'histoire ne sont-elles pas suffisantes pour montrer les conséquences de la haine de l'autre ? Les campagnes électorales qui incitent la haine causeront plus de tort à la France qu'à la Turquie. L'Europe future, soit-elle une union des nations souveraines ou une fédération, ne peut être fondée que sur le respect mutuel.

Je vous prie d'agréer, Monsieur le député, l'expression de ma considération distinguée.

Uluç ÖZÜLKER

ANNEXE 3

Rapport sur le Rapport régulier 2003 de la Commission sur les progrès réalisés par la Turquie sur la voie de l'adhésion, le 19 mars 2004. (Extraits)

La Commission des droits de la femme et de l'égalité des chances invite la Commission des affaires étrangères, des droits de l'homme, de la sécurité commune et de la politique de défense, compétente au fond, à incorporer dans la proposition de résolution qu'elle adoptera les suggestions suivantes :

(...)

3. exprime sa préoccupation au sujet des actes de violence, souvent à caractère sexuel, auxquels se livrent des membres des forces de l'ordre contre des femmes ; constate avec inquiétude que les femmes kurdes sont tout particulièrement victimes de tels actes et demande à la Turquie de les réprimer sans répit et d'adopter toutes les mesures qui s'imposent pour faire cesser ce type d'agissements.

4. invite la Turquie à intégrer l'égalité entre femmes et hommes dans le sixième paquet de réformes du code pénal (...) par ailleurs, réclame l'abandon du système prévoyant des peines réduites pour les « crimes d'honneur » commis pour des raisons liées à une coutume ou une tradition, soulignant que ceux-ci devraient être considérés comme des meurtres au premier degré, et demande que le terme « virginité » soit supprimé des dispositions du code pénal applicable en cas de viol.

Situation des droits de l'homme et protection des minorités

23. constate que la torture et les mauvais traitements ont toujours cours ; rappelle la politique de tolérance zéro du gouvernement en ce qui concerne la torture ; déplore qu'on n'ait guère progressé sur le plan de la mise en examen des tortionnaires ; insiste sur la nécessité de consentir des efforts éducatifs pour faire évoluer les mentalités des agents et des forces de l'ordre afin d'assurer le strict respect du droit.

24. condamne l'intimidation et le harcèlement constant des militants des droits de l'homme et des organisations de défense des droits de l'homme par certaines autorités.

Les critères politiques de Copenhague :
Organisation de l'Etat

9. se félicite de ce que le gouvernement est en train de placer les dépenses de défense sous contrôle parlementaire ; est toutefois préoccupé par l'influent réseau, formel et informel, de l'armée, notamment de groupes de réflexion, d'entreprises (OYAK) et de fonds, qui pourrait constituer un obstacle à la réforme de l'Etat.

10. insiste auprès du gouvernement pour que les conseils actuels de l'enseignement supérieur (YÖK) et de l'audiovisuel (RTÜK), qui fonctionnent comme des organisations de chiens de garde, soient transformés en nouveaux conseils, totalement civils, ne faisant l'objet d'aucun contrôle de la part de l'armée.

32. constate que la Turquie a toujours une interprétation de l'Etat séculier qui n'est pas celle de l'Union européenne et qu'il y a plutôt lieu de parler d'un contrôle

de l'Etat sur la confession principale et d'une discrimination des autres confessions.

33. appelle une nouvelle fois les autorités turques à mettre fin immédiatement à toutes les discriminations et difficultés faites aux minorités religieuses (...) ; exhorte à cet égard au retrait des menaces de saisie à l'encontre de l'orphelinat orthodoxe grec de Priggipos (...) ; réitère sa demande de réouverture du séminaire orthodoxe grec de Halki.

35. se joint aux auteurs de la protestation contre la circulaire du ministère de l'Enseignement du 14 avril 2003 pour condamner l'utilisation de l'histoire comme moyen d'inculquer à la jeunesse des sentiments de haine raciale (...). La situation des communautés protestante et catholique reste précaire car elles sont victimes d'une discrimination absolument inacceptable.

ANNEXE 4

Rapport de la police de l'air et des frontières turque sur les flux migratoires

Prises de drogues en Turquie en 2003

TYPE DE DROGUES	TURQUIE				
	CAS	SUSPECTS	QUANTITÉ		
			TABLETTES	KG	GR
HASCHISCH	4 059	7 708		7 811	1 589
HÉROÏNE	401	1 126		4 704	736
MORPHINE	8	24		1 006	1 695
OPIUM	28	56		304	1 096
COCAÏNE	56	145		2	633
ANHYDRIDE ACÉTIQUE	11	33		6 477	500
AUTRES STUPÉFIANTS SYNTHÉTIQUES	147	231	19,053		
CAPTAGON	36	116	6,375,217		
ECSTASY	306	784	473,240		
TOTAL	5 052	10 223			

TYPE DE DROGUES	POLICE					GENDARMERIE					DOUANES				
	CAS	SUSPECTS	QUANTITÉ			CAS	SUSPECTS	QUANTITÉ			CAS	SUSPECTS	QUANTITÉ		
			TABLETTES	KG	GR			TABLETTES	KG	GR			TABLETTES	KG	GR
HASCHISCH	2 864	5 720		2 760	623	1 192	1 978		4 969	445	3	10		82	521
HÉROÏNE	349	1 002		3 546	294	44	115		323	403	8	9		835	39
MORPHINE	3	18		711	973	5	6		297	722					
OPIUM	13	29		186	823	12	23		110	3	3	4		8	270
COCAÏNE	54	143		2	830	2	2			3					
ANHYDRIDE ACÉTIQUE	3	10		5 917	500	7	15	3,652			1	8		560	
AUTRES STUPÉFIANTS SYNTHÉTIQUES	142	218	18,861			5	13	192							
CAPTAGON	26	80	2,332,081			7	33	1,179,736			3	3	1,863,400		
ECSTASY	282	714	447,091			23	69	22,547			1	1	3,502		
TOTAL	3 736	7 934				1 297	2 254				19	35			

ANNEXE 5

Rapport 2003 de la police turque sur le trafic de stupéfiants et le narcoterrorisme

Chapitre V
5.1. Narcoterrorisme

Les ressources financières des organisations terroristes sont parfois fournies par des pays complices, toutefois elles les trouvent le plus souvent au travers d'activités illégales, en particulier par le trafic de drogue. Les moyens utilisés par les organisations terroristes pour se financer varient en fonction de leur idéologie et de leur taille. Selon des sources aux Nations unies, les bénéfices annuels générés par le trafic de drogue, qui se montent à environ 500 millions de dollars, font de cette activité une source très attractive de revenus pour les organisations terroristes, tout comme pour toute autre organisation criminelle.

Dans les années passées, certains pays ont soutenu financièrement le terrorisme. Ils ont en particulier fourni des armes, des papiers d'identité, et un soutien en termes de logistique, de formation et d'utilisation de leur territoire comme base arrière. Toutefois, le résultat des enquêtes judiciaires sur les ressources financières des organisations terroristes et les campagnes menées contre les pays complices dans le cadre de l'après-11 septembre aura été que ces organisations doivent désormais se tourner de plus en plus vers le trafic de drogue pour assurer leur financement.

De plus, la pression exercée sur les organisations non gouvernementales et les mesures légales prises au niveau international à l'encontre de celles qui soutiendraient le terrorisme va accentuer cette tendance à l'avenir.

En général, les organisations terroristes ne sont pas des organisations à but lucratif. Elles poursuivent des objectifs de diffusion de leurs idées, dans un cadre idéologique ou religieux. Leurs activités s'exercent dans le domaine de l'intimidation, de la violence et de la terreur si nécessaire. Toutefois, il devient de plus en plus difficile de faire la différence entre les organisations terroristes et celles qui relèvent du crime organisé, car dans de nombreux cas les terroristes agissent de la même manière que les organisations mafieuses *(profit making groups)*.

Il existe des liens très forts entre les terroristes et les narcotrafiquants. Ces liens peuvent aller jusqu'à une implication directe dans le trafic de drogue sans qu'il y ait pour autant de contacts organisationnels. Les deux parties bénéficient ainsi de cette relation. Les trafiquants tirent avantage des méthodes militaires, des sources d'équipement en armes et d'une entrée dans le monde des organisations terroristes clandestines. Les organisations terroristes, quant à elles, utilisent le trafic de drogue comme source de revenus et bénéficient des méthodes de travail et du savoir-faire des narcotrafiquants en matière de blanchiment d'argent sale.

Les organisations terroristes tendent le plus possible à dissimuler ce type d'activité au grand public. Le trafic de drogue étant considéré par toutes les sociétés comme un crime contre l'humanité, la révélation de leur implication dans cette activité nuirait sérieusement à leur propagande idéologique. Dans le même temps, l'implication des terroristes dans le trafic de drogue gêne les pays qui les soutiennent et nuit à leur image. De manière générale, les organisations mêlées au trafic de drogue perdent le soutien de l'opinion publique.

La Turquie a été et reste une cible pour le terrorisme. Dans le cadre de la lutte contre ce type d'activité criminelle, il a été révélé que les organisations terroristes trouvent des ressources financières en s'impliquant dans le trafic de drogue, tant au niveau de la culture des plantes, de la production de la drogue que de sa commercialisation. L'implication du PKK/Kongra-Gel, de l'Asala, du TKP/ML et du DHKP/C a été prouvée par des rapports d'organisations internationales, et par des témoignages de personnes arrêtées dans des opérations anti-drogue en Turquie. Des caches de drogue ont été découvertes dans des locaux de ces organisations et des traces des revenus qu'ils engendrent dans leur comptabilité. Il est également confirmé par des enquêtes datant de 2002-2003 que le PKK/Kongra-Gel poursuit ses activités dans le domaine du trafic de drogue.

PKK/Kongra-Gel (Parti des travailleurs du Kurdistan)

Cette organisation terroriste a longtemps tenté de dissimuler à l'opinion turque et internationale son implication dans la production et la commercialisation de la drogue. Ces activités étaient gérées par un personnel administratif très difficile à repérer. Au sein de l'organisation, étaient utilisés pour ce genre d'activité des activistes inconnus des services de police aussi bien pour terrorisme que pour trafic de drogue. Toutefois, des preuves tangibles ont été apportées par les enquêtes menées par nos services d'une implication nationale et internationale du PKK dans des activités criminelles liées à la drogue.

L'implication du PKK/Kongra-Gel dans le trafic de

drogue a été avoué par des responsables parmi les plus importants de cette organisation terroriste tels que Abdullah Öcalan et Şendin Sakik. Au cours des interrogatoires menés par un juge d'instruction sur l'île d'Imrali, Abdullah Öcalan a déclaré que l'organisation disposait de près de 200 millions de dollars et a répondu de la manière suivante lorsque la question de l'implication du PKK dans le trafic de drogue lui a été posée :

« Behçet Cantürk soutenait également notre organisation. Celle-ci a récolté de l'argent auprès de la famille Cthangir à Yüksekova, les familles Türk et Kahramanlar à Mardin. Outre ces dernières, nous avons bénéficié d'un soutien financier de la part de nombreux hommes d'affaires dont je ne connais pas les identités. De plus, en ce qui concerne le trafic de drogue dans les régions de Baskale et de Hakkari, le trafic d'armes et d'animaux était également pratiqué. Osman Öcalan, sous le nom de code de Ferhat, a collecté de l'argent auprès des trafiquants. Il existe d'autres structures, appelées les unités douanières de l'organisation, localisées le long des frontières, qui collectent également des fonds (...) Aux frontières, un prélèvement est effectué, sous forme de "taxe", auprès des trafiquants de drogue. A part ceci, j'ai refusé une proposition visant l'organisation d'un trafic de drogue dans la région Iran/Maku, bien que sachant que cela serait très rentable. Malgré cette décision, j'ai appris que certains, dans notre organisation, en particulier mon frère, trafiquaient de la drogue vers l'Europe à travers l'Iran, Zagros et la Roumanie. Je les ai mis en garde, mais il est clair que je ne pouvais pas contrôler toute l'organisation. »

Le président de la Commission des droits de l'homme de la Grande Assemblée nationale turque et la délégation qui l'accompagnait ont pu avoir un entretien avec Şemdin Sakik à la prison de Diyarbakir.

Sakik a fourni les informations suivantes : « L'origine de notre argent était le trafic de drogue. Le PKK et l'APo ont toujours bénéficié d'une grande partie du trafic de drogue sur l'axe Turquie-Moyen-Orient. Nous avons pu acheter des armes avec les ressources que nous en tirions. »

Asala (L'Armée secrète de libération de l'Arménie)

Cette organisation a attiré l'attention par ses attaques contre les missions turques à l'étranger dans les années 1980. Elle était soutenue par l'organisation Cantürk en raison de sa proximité ethnique. Certains membres de la famille Cantürk étaient liés à l'Asala par des liens ethniques. Dans le cadre d'enquêtes effectuées au cours de l'opération « Babalar », il a été découvert que Oyannes Semerciyan, l'un des responsables du massacre d'Orly, était l'oncle de Behçel Cantürk. Les suspects étaient impliqués dans les trafics d'héroïne dans les années 1980 à travers la Syrie et via Chypre, dans le cadre de l'Asala et avec l'aide de la famille Cantürk. Les accusés ont déclaré : « Les membres de la famille Cantürk ont importé 15 000 revolvers d'Italie en 1981 et se préparaient à en livrer 2 000 en Iran en échange de morphine. Avant le 12 septembre de cette même année, le chef de l'organisation était en lien constant avec des parents de sa mère, vivant à Marseille et aux Pays-Bas. C'est grâce à ces parents qu'il a fourni des armes à l'Assemblée de la Culture démocratique révolutionnariste (Revolutionist Culture Assembly - DDKD), qui est une branche du Parti démocrate en Turquie, ainsi qu'à des partis arméniens. »

DHKP/C (Parti/Front révolutionnaire de libération du peuple)

On sait déjà que le DHKP/C se finance par des moyens illégaux dans le but de poursuivre ses activités.

On sait également que l'organisation trafique de la drogue et des armes et en tire de grands profits en utilisant ses structures et ses relations.

Des membres du DHKP/C ont été arrêtés à Istanbul avec 10 kg d'héroïne le 18 avril 1995 et jetés en prison. Ils se préparaient à se rendre à l'étranger sur l'ordre de Dursun Karataş, qui était alors en Allemagne et était le chef de l'organisation et l'un des principaux membres du comité central. Il est apparu, à la suite de leurs interrogatoires et de l'enquête que nous avons réalisée, que cette drogue allait être commercialisée à l'étranger afin de renflouer les caisses de l'organisation. Les principaux dirigeants de l'organisation étaient informés de cette opération.

Lorsqu'il a été révélé qu'à Mersin certaines entreprises dans l'exportation s'étaient livrées au trafic de drogue au travers de compagnies bidon, une opération de police a été réalisée le 22 septembre 1998. Un conteneur a été saisi lors de cette opération sur le navire appelé *Silkeborg*, une fois débarqué et perquisitionné, et il a été découvert 602,60 kg de cocaïne, répartis dans des boîtes de concentré de jus de fruit. Huit suspects ont été arrêtés. On a découvert que le premier suspect dans cette affaire était le chef responsable pour la province d'Adana du THKP/C DEV-YOL (Parti pour l'indépendance du peuple turc), qui avait été arrêté préalablement dans le cadre d'une enquête sur les activités de son organisation. Le second suspect était un membre de la même organisation, portant le nom de code de Zaza Kadir. Il fut arrêté alors qu'il transportait les armes de l'organisation.

Le TKP/ML (Parti communiste turc / marxiste-léniniste)

Des conflits internes sont nés en 1993 au sein de ce parti entre la conférence du TKP/ML et le TKP de l'Est anatolien. Les partisans de la branche Conférence étaient majoritaires avec sept sièges contre huit au comité central (OKP). Toutefois, alors que quatre sections du mouvement soutenant le comité central ont été démantelées par des opérations de police à Istanbul entre décembre 1993 et janvier 1994, les partisans de la branche Conférence ont perdu leur prédominance[1] et leur capacité d'initiative. Ces dissensions au sein du comité central ont rapidement affecté le Parti turc des travailleurs et paysans (Tikko).

A ce stade, le DABF, qui se préparait à démettre le groupe Conférence du comité central, rétablit une fois de plus le trafic de drogue. Les principaux militants du groupe Conférence étaient déjà impliqués dans le trafic de drogue en 1991, avant que l'organisation ne se place sous la structure appelée Comité central unifié temporaire (GBMK). Il faut souligner que la décision de reprendre le trafic de drogue avait été débattue au sein de l'OKP, mais avait été gardée secrète parce qu'elle aurait pu nuire au prestige de l'organisation aux yeux du public.

Une fois le problème du trafic de drogue réglé au sein de l'organisation, un groupe du Tikko de trente à quarante personnes issues de la branche Conférence sous la direction de Yusuf Kösc, comprenant qu'ils allaient être déposés, ont déclaré leur départ du parti le 14 avril 1994,

---

1. *Le Partisan,* journal du TKP/ML, écrivait dans son numéro 17, page 132 : « A tous les camarades soutenant l'unité et l'intégrité de notre parti : comme vous le savez, une faction appelée "la Mafia", qui s'est séparée de notre parti le 14 avril 1994, n'a plus aucune relation avec notre parti. Le comité central du parti a fait une déclaration au sujet de la faction en question. Le chef de cette faction, portant le nom de code B, a officiellement entériné leurs visées séparatistes en ne participant pas à la réunion du 14 avril. Ce groupe et ses partenaires n'ont pas reconnu la discipline et la légalité du comité central du parti et, semble-t-il, ont commencé à s'organiser [de manière séparée]. »

dans la région rurale de Tunceli. Ils accusèrent le groupe DABK d'être séparatiste. La séparation des deux groupes fut consommée à la fin de l'année 1994.

Au cours des interrogatoires d'une des personnes arrêtées le 8 décembre 1993, un suspect déclara « qu'un membre du comité central de l'organisation et le responsable de l'organisation militaire urbaine et de la logistique lui avaient proposé de commercialiser de l'héroïne ». Il accepta, avec un membre de sa famille, de transporter 130 kg d'héroïne aux Pays-Bas grâce à un citoyen iranien. 70 % des gains résultant de cette livraison devaient être réservés à l'Iranien et 30 % collectés par un membre de l'organisation. Cependant, l'arrangement ne fut pas respecté et il fallut qu'un membre de l'équipe logistique fasse des négociations pour permettre au parti de récupérer 4,55 millions de florins.

Les données statistiques révèlent que 327 cas de trafic de drogue depuis 1984 étaient liés aux différentes organisations terroristes mentionnées ici.

ANNEXE 6

Recommandation de la Commission européenne concernant les progrès réalisés par la Turquie sur la voie de l'adhésion, le 6 octobre 2004. (Extrait)

COMMISSION DES COMMUNAUTES EUROPEENNES

Bruxelles, le 6.10.2004
COM(2004) 656 final

COMMUNICATION DE LA COMMISSION
AU CONSEIL ET AU PARLEMENT EUROPEENS

(...)

Dépassant les trois millions, les Turcs représentent de loin le groupe le plus important de ressortissants de pays tiers résidant légalement dans l'Union européenne actuelle. Les études disponibles donnent des estimations divergentes sur l'augmentation de l'immigration attendue à la suite de l'adhésion de la Turquie. De longues périodes de transition et une clause de sauvegarde permanente peuvent être envisagées pour éviter de perturber gravement le marché communautaire de l'emploi. Toutefois, la dynamique de la population turque pourrait contribuer à compenser le vieillissement des sociétés de l'Union européenne. Dans ce contexte, l'Union a elle aussi fortement intérêt à ce que les secteurs turcs de l'éducation et de la formation fassent l'objet de réformes et d'investissements au cours de la décennie à venir.

PARLEMENT EUROPEEN

DOCUMENT DE SEANCE

FINAL
A5-0204/2004

19 mars 2004

RAPPORT
sur le Rapport régulier 2003 de la Commission sur les progrès réalisés par la Turquie sur la voie de l'adhésion (COM(2003) 676 – SEC(2003) 1212 – C5-0535/2003 – 2003/2204(INI))

Commission des affaires étrangères, des droits de l'homme, de la sécurité commune et de la politique de défense.

Rapporteur : Arie M. Oostlander

Table

DU MEME AUTEUR

AUX EDITIONS ALBIN MICHEL

Lettre ouverte aux coupeurs de têtes et aux menteurs du Bicentenaire
1989

La chienne qui miaule
1990

Notre Europe sans Maastricht
1992

Avant qu'il ne soit trop tard
1993

La société de connivence
1994

Dictionnaire du politiquement correct à la française
1996

L'aventure du Puy du Fou
1998

La machination d'Amsterdam
1999

Vous avez aimé les farines animales, vous adorerez l'euro
2001

La 51e étoile du drapeau américain
2003

Quand les abeilles meurent, les jours de l'homme sont comptés
2004

Composition Nord Compo
Impression : Imprimerie Floch, janvier 2005
Editions Albin Michel
22, rue Huyghens, 75014 Paris
www.albin-michel.fr
ISBN 2-226-15702-6
N° d'édition : 23257. – N° d'impression : 61980
Dépôt légal : janvier 2005
Imprimé en France